Lieber Herr Fischer
In Erinnerung an Ihre Bemühungen
für mich wünsche ich Ihnen, daß auch
Sie vom Heil= und Segensstrom berührt
Ihrem Ziel entgegengeführt werden
mögen

Ihre Elisabeth Schönhuth

Kirchheim, den 1. August 2011

Elisabeth Schönhuth

Emilie Blumhardt im Schatten ihres Umfeldes

Manuela Kinzel Verlag

Inhaltsverzeichnis

Vorwort

Vor einigen Jahren fragten mich Mitglieder der internationalen Bruderhof-Gemeinschaft nach meiner Urgroßmutter Emilie Blumhardt. Sie wollten wissen, wer die Frau des bekannten und von ihnen bis heute verehrten Pfarrers und Politikers Christoph Friedrich Blumhardt aus Bad Boll war. Zurzeit arbeiten Vertreter der Bruderhof-Gemeinschaft an einer fünfzehnbändigen Werkausgabe in englisch, der umfangreichen Literatur Christoph Friedrich Blumhardts (1842-1919) und seines Vaters Johann Christoph Blumhardt (1805-1880).

Bei Besuchen in Gemeinschaftseinrichtungen der Bruderhöfer in England und neuerdings in Sannerz, ihrem einstigen Gründerhof zur Zeit der Jugendbewegung in der Röhn, wurde ich immer wieder gebeten, doch Geschichten aus Bad Boll zu erzählen, die bislang nur mündlich überliefert sind oder aus unveröffentlichten Dokumenten hervorgehen.

In der Literatur und bei Vorträgen über die Hoffnungsträger Johann Christoph und Christoph Friedrich Blumhardt werden häufig auch Doris Blumhardt, Ehefrau von Johann Christoph, die von ihm geheilte Gottliebin Dittus und Schwester Anna von Sprewitz, die spätere Lebensbegleiterin und Pflegerin von Christoph Blumhardt, erwähnt.

Die Frage nach meiner Urgroßmutter Emilie Blumhardt löste in mir das Bedürfnis aus, auch ihrer Geschichte nachzugehen. Im Laufe meiner Spurensuche fühlte ich mich Emilie immer wesensverwandter. So entstand dieses Buch für meine fünf Kinder und zwölf Enkel und für alle, die das Thema „im Schatten stehen" bewegt.

Sommer 2010, Elisabeth Schönhuth

Grußwort

Elisabeth Schönhuth geht auf Spurensuche zum Leben einer Frau, die zeitlebens im Schatten ihres Mannes stand. Die nach einer schweren Erkrankung sich bemühte, die ihr zugedachte Aufgabe weiter zu erfüllen, als sei nichts geschehen, bis zunehmende Erschöpfung sie zwang, einen neuen, eigenen Weg zu gehen. Die zur Weltreisenden wurde, zur „Mutter in Asien wie in Neuseeland und in Europa", ihre nach Neuseeland und China ausgewanderten Kinder unterstützend, begleitet von verständnisvollen und aufrichtenden Briefen ihres Mannes.

Von Emilie Blumhardt geb. Bräuninger (1849–1929) ist die Rede, der Frau von Christoph Friedrich Blumhardt (1842–1919), dem bekannten „jüngeren Blumhardt". Er und sein Vater Johann Christoph, der „ältere Blumhardt" (1805–1880), haben Theologiegeschichte geschrieben. Der Vater gründet, nach überwältigenden Erfahrungen von Erweckung und Glaubensheilung in seiner Gemeinde Möttlingen, ein Seelsorgezentrum im Kurhaus Bad Boll. Das dort Erlebte ist für ihn nur Vorläufer einer künftigen weltweiten Bewegung, einer neuen Ausgießung des Heiligen Geistes, die ein „Rennen und Jagen nach dem Reich Gottes" auslösen werde. Darauf wartet man in Bad Boll im Gebet, das als tragender Grund Blumhardts Einzelseelsorge, Predigten und Gespräche durchzieht.

Der Nachfolger Christoph legt den Akzent dieser Hoffnung auf den Kampf um soziale Gerechtigkeit. Auf die Seite der ausgebeuteten Arbeiter stellt er sich, auf die Seite der Sozialisten. Aber er betont, der Sozialismus werde angetrieben durch die versöhnenden Kräfte des Reiches Gottes. Wie für den Vater ist auch für den Sohn – bei aller Wertschätzung menschlichen Handelns – der eigentlich Handelnde der kommende Christus. „Es wird schließlich Gottes Reich heißen, nicht sozialdemokratisches Reich." Christoph versucht, seinem Mandat als SPD-Landtagsabgeordneter in Stuttgart gerecht zu werden und zugleich den vielen Heilungssuchenden und Neugierigen in Bad Boll etwas zu sein – alles im Blick auf die erwarteten Fortschritte im Reich Gottes.

Damit ist die Situation angedeutet, mit der Emilie Blumhardt zurecht kommen musste. Als Frau eines Mannes, der mutig genug war, seine außergewöhnlichen Erfahrungen öffentlich zu äußern und diese als Seelsorger und Politiker auch zu leben, allen Angriffen zum Trotz, konnte sie ihren Mann bewundern. Einen verständnisvollen Mann zumal, der das Zurückstehen seiner Frau nicht wollte und sich gewiss ein anderes Familienleben erträumte – wie zuvor schon Blumhardt Vater, der seine Doris am liebsten aus ihrer Hausfrauenrolle befreit und als Mit-Seelsorgerin gesehen hätte. Aber beide, Vater und Sohn, scheiterten an der Unbarmherzigkeit vieler Zeitgenossen, von denen sie verehrt und aus einer Inanspruchnahme in die andere hineingezerrt wurden. Der Bad Boller Kurhausbetrieb verschlang die guten Vorsätze, und übrig blieben die Frauen, dienend, leidend und manchmal in der Stille weinend.

Und doch verlief Emilies Weg anders als der ihrer Schwiegermutter Doris, die zeitlebens – als „Frau Pfarrer“ bewundert, bemitleidet und geliebt – den Schatten des Mannes nicht verlassen hatte. Emilie erkrankte schwer, was ihre Belastung immer deutlicher erkennen ließ und schließlich eine durchgreifende Lösung möglich machte.

Wie sich dies alles abgespielt hat, erzählt ihre Urenkelin Elisabeth Schönhuth anhand von Briefen und Erinnerungen aus Emilies Zeit. Sie tut dies unaufdringlich und ohne Schuldzuweisungen. Liest man die Briefe Christophs und die Erzählungen Emilies genau, dann tritt die verfahrene Situation, der die Dokumente ihr Entstehen verdanken, in den Hintergrund. Das, was sie eigentlich sein wollen, schimmert hervor: Liebesbriefe.

Im Oktober 2010, Dieter Ising

Grußwort

Immer wieder findet die Botschaft von Johann Christoph Blumhardt und seinem Sohn Christoph Friedrich Blumhardt Bedeutung und Beachtung in neuen Kreisen, und das nicht nur in Deutschland, sondern auch weltweit, vor allem in Nordamerika und in letzter Zeit auch in Asien. Die Botschaft vom Reich Gottes war und ist das, was die als „Bruderhof" bekannte internationale Gemeinschaftsbewegung *Church Communities* seit ihren Anfängen 1920 in Deutschland mit den Blumhardts aufs engste verbindet. In einem seiner letzten Briefe legte es Eberhard Arnold, der Begründer dieser Gemeinschaftsbewegung, den nachfolgenden Generationen aufs Herz die Botschaft der Blumhardts immer als eine innere Säule unseres Gemeinschaftslebens zu bewahren.

Deswegen ist die nun vorliegende kurze Biografie Emilie Bräuninger-Blumhardt, wie sie von Elisabeth Schönhuth zusammengestellt wurde, eine mehr als willkommene und lang erwartete Ergänzung zum Lebensbild und Lebenszeugnis der Blumhardts. Es ist eine sehr persönliche Schrift, nicht nur weil Elisabeth Schönhuth über ihre eigene Urgroßmutter schreibt, sondern auch, weil sie uns einen gänzlich neuen Einblick in das Privatleben Christoph Friedrich Blumhardts werfen lässt. Elisabeth Schönhuth zeigt uns ihren Urgroßvater nicht als geistlichen Helden, sondern als liebenden Ehemann, Vater und Großvater. Das kleine Buch vervollständigt das Bild einer außergewöhnlichen und unkonventionellen Ehe, die in ihrer Weise viel Frucht getragen hat, weil beide Ehepartner nicht nur in lebenslanger Treue und Liebe miteinander verbunden waren, sondern auch jeder in seiner Weise sein eigenes Leben ganz der Sache und dem Reich Gottes hingegeben hat.

Der Ruf der Hingabe an das Reich Gottes hier auf dieser Erde hat diese beiden Menschen zusammengebracht und ihre Hingabe an diesen Ruf hat einen hohen Preis gekostet. Sie erlebten in ihrem eigenen Leben was Christoph Friedrich einmal ausdrückte, dass wo Gott einen Tempel baut, der Teufel seine Kapelle nicht nur daneben sondern mitten hinein baut. Dies wurde Realität in der außergewöhnlichen Belastung, die dieses Ehe- und Familienleben in besonderer Weise getragen hat.

Diese Lasten hatten nicht nur mit dem allgemeinen Leben in Bad Boll zu tun, welches ihnen weder Raum noch Zeit für ein privates Ehe- und Familienleben gab und wo sie Teil eines ständig wachsenden Haushaltes mit dutzenden von Familienmitgliedern und Hunderten von Kurzzeit- und Langzeitgästen waren, die alle mit ihren persönlichen Nöten und Anliegen Zeit und vor allem Aufmerksamkeit forderten.

Die innere und äußere Last, die diese beiden Menschen trugen, war auch eine Folge ihres ganzen Einsatzes für die Mission, der auch einige ihrer Kinder in ferne Länder und Kulturen führte. In diesem großen Lebenskreis erlebten sie zwischenmenschliche Spannungen, Entfremdung, Unfälle und lebensbedrohliche Krankheitsnöte.

Elisabeth Schönhuth zeigt uns ihre Urgroßmutter weder in einem deprimierten Licht, noch bleibt sie an menschlichen Schwächen hängen, sie korrigiert einfach falsche Bilder und Interpretationen, die sich die Nachwelt von dieser außergewöhnlichen Ehe und Familie gemacht hat und zeigt die Wunden und das ganz persönliche Kreuz welches Emilie Blumhardt getragen hat und wie ihr Mann, Christoph Friedrich Blumhardt, sie dafür bis ans Ende geliebt und geachtet hat. Dieses kleine Buch ist ein Hoffnungsträger, weil es uns zeigt, dass jedes an das Reich Gottes hingegebene Leben auch sein eigenes Kreuz trägt und, dass es ohne Kampf keine Siege gibt. Es erinnert uns an einen Ausspruch des Franzosen Paul Claudel, dass Christus nicht kam um das Leiden aus dieser Welt hinweg zunehmen, sondern um dem Leiden seinen Sinn zu verleihen.

Detlef & Jutta Manke
auch im Namen der internationalen Gemeinschaftsbewegung
Church Communities

Grußwort

Bei den regelmäßig stattfindenden Blumhardt-Abenden im Kurhaus für die Gäste und Patienten der Rehaklinik kommt immer wieder ein Staunen der Zuhörerschaft zum Ausdruck, wenn ich davon erzähle, dass Christoph Blumhardt und seiner Frau Emilie elf Kinder geschenkt wurden. Leider konnte ich seither nicht viel mehr über diese Frau berichten.

Elisabeth Schönhuth ist es zu verdanken, dass Emilie Blumhardt, geb. Bräuninger, nun aus dem Schatten tritt und mit ihrem eindrücklichen Lebensweg sichtbar wird.

Neben den Briefen und Bildern sind auch die eigenen persönlichen Erinnerungen und Erzählungen von Elisabeth Schönhuth als Urenkelin von Emilie in diesem Buch zu finden.

„Oral history" wird diese Geschichtsschreibung bezeichnet, die oft angewandt wird um Frauengeschichte sichtbar zu machen, die sonst in der Geschichtsschreibung unsichtbar bliebe.

Beeindruckend und berührend am Lebensweg von Emilie Blumhardt ist, dass sie für sich einen Weg findet trotz ihrer Erkrankungen und den Schwierigkeiten in Bad Boll. So verlässt sie Bad Boll, geht zu ihren Kindern nach Neuseeland und China, um im Jahr 1912 wieder nach Bad Boll zurückzukehren.

Beim Lesen des Buches gewinnt man den Eindruck, dass gerade auch die Zeit nach der Rückkehr bis zu ihrem Lebensende für Emilie eine erfüllte und gesegnete Zeit gewesen ist im großen Kreise ihrer Kinder und Enkel.

Vielleicht drückt jener Kanon etwas davon aus, was Emilie Blumhardt geglaubt und gelebt hat:

„Wechselnde Pfade, Schatten und Licht,
alles ist Gnade, fürchte dich nicht."

Gudrun Bosch

Einführendes Gespräch

F = Frager, E = Erzählerin

F: Noch ein Buch?

E: Nur eine Ergänzung!

F: Ergänzung wozu?

E: Zu den Aufbruchszeiten in Bad Boll um die Jahrhundertwende vom 19. ins 20. Jahrhundert.

F: Ist da nicht schon genug geschrieben worden: über Pfarrer Johann Christoph Blumhardt, seine Frau Johanna Dorothea, seinen Sohn Christoph Friedrich und über die Wunderheilung der Gottliebin Dittus?

E: Genau, aber mir fehlt die dritte Frau an ihrer schicksalhaften Seite in Bad Boll!

F: Wer? Doch nicht die Diakonisse Anna von Sprewitz, der wir so viel Literatur und viele Predigten Blumhardts verdanken, die sie in Jebenhausen gesammelt, bewahrt und zum Teil mit herausgegeben hat?

E: Jetzt hast du zu schnell gedacht. Überleg mal: Wer ist denn für dich Emilie Blumhardt, geborene Bräuninger, die Frau und Gefährtin von Christoph Blumhardt, Mutter von elf Kindern und zig Enkeln und Urenkeln?

F: Entschuldige, von ihr ist tatsächlich fast nichts bekannt, oder weißt du mehr?

E: Seit diese Frage vor wenigen Jahren an mich herangetragen wurde, hat sie etwas in mir entzündet – nach und nach haben sich mir neue Quellen aus Emilies Jugendzeit erschlossen.

F: Bitte erzähl' uns doch etwas über Emilie oder schreibe es auf.

E: Um dies gründlich zu tun, müsste man die gewaltige Blumhardt-Literatur und, was Emilie betrifft, auch zwischen den Zeilen lesen und vor allem lauschen und spüren, in welchem immensen Spannungsfeld Emilie über drei Generationenleben hinweg gestanden hat.

F: Ich weiß, dass du als Kind in den Ferien viel bei deinen Großeltern Brodersen weiltest. Deine Großmutter Dorothea, war ja Emilies Tochter. Daher würde mich auch dein persönlich Erlebtes und mündlich Überliefertes interessieren. – Und noch etwas: Bei euch gibt es doch viele alte Fotos aus jener Zeit – vom Kurhaus, von den Familien Blumhardt, Brodersen, Dittus, Vopelius, Weber, die du noch alle kennen gelernt hast. Gibt es eigentlich auch Bilder von Emilie und von ihrem Elternhaus?

E: Oh ja. Alte und eben auch solche aus neu erschlossenen Quellen. Durch letztere erfuhr ich zum Beispiel, dass bei der Hochzeit von Emilie und Christoph einem Vikar Lempp aus dem Dorf Boll die jüngste Schwester von Emilie auffiel, und diese auch später heiratete.

F: Na so was! Emilie Bräuninger heiratete den Vikar Christoph Blumhardt, wie ich weiß, ihre jüngere Schwester Christiane dessen Bruder, den Ökonom Nathanael, und die jüngste Schwester Rosa den Vikar Lempp?

E: Ganz genau! Christiane und Nathanael Blumhardt wanderten später nach Neuseeland aus.

F: Gibt es denn heute noch Blumhardt-Verwandte in Neuseeland?

E: Ja, sehr viele. Mit einigen pflegen wir noch regen Kontakt. Die Alten aus meiner Generation sprachen alle noch Deutsch und sangen begeistert unsere Volks- und Kirchenlieder. Gelegentlich bekamen wir von ihnen Besuch, besonders solange die Tanten Brodersen noch lebten. Die neue Generation spricht aber nur noch Englisch.

F: Jetzt hast du mich neugierig gemacht. Wie ich dich kenne, willst du mit diesen Geschichten auch uns Heutigen etwas mitteilen.

E: Warte ab, das wird sich zeigen!

Kindheit, Jugend und Heirat der Gutsinspektorentochter Emilie Bräuninger 1849 bis 1870

1849

Emilie wurde als zehntes von vierzehn Kindern im Schlossgut Sindlingen bei Herrenberg in Württemberg geboren. Ihr Vater Gottlob Bräuninger war dort ab 1840 Gutsinspektor. Die Familie wohnte in der Verwalterwohnung im Schloss. Emilies Eltern waren von der frommen Hahn'schen Gemeinschaft geprägt und hatten durch diese eine Bekehrung erlebt. Es herrschten strenge Sitten. Zum Beispiel wurde nach dem Morgensegen auf den Knien gebetet und jeden Mittag nach Tisch ein Kapitel aus der Bibel vorgelesen. Der Vater verlangte unbedingten Gehorsam.

Hofgut Einsiedel, Heimathaus

1855

Durch das Anwachsen der Familie wurden die Wohnverhältnisse immer beengter. Vater Bräuninger suchte und fand etwas Passendes: Er konnte das Königliche Hofgut „Einsiedel" bei Tübingen pachten. Das große Haus, viel Land und Wälder waren für die Kinder ein beeindruckendes Erlebnis. Die beiden jüngsten Brüder Emilies wurden dort geboren.

Um Emilies Kindheit und ihr damaliges Umfeld zu veranschaulichen, folgen einige ausgesuchte und gekürzte Geschichten:

Gehorsam galt als erste und heiligste Pflicht. Als Strafe schickte der Vater die Kinder manchmal ins Ofenloch. Die älteren tollten und ritten gern auf den Fohlen, was ihnen allerdings vom Vater streng verboten war. Der schon siebzehnjährige August hängte sich z.B. einmal an den Schwanz eines Fohlens, das heftig ausschlagend sein Auge mit dem Huf traf. Obwohl Augusts Auge schwer verletzt und ausgelaufen war, verbot sein Vater, dass ein Arzt aufgesucht wurde. Er verlangte sogar, dass der Junge zur Strafe im Pferdestall schlafen sollte. Alles Bitten der Mutter und der Schwestern blieb erfolglos. Tage später versuchte eine langjährige Dienstbotin, den Vater zu erweichen – zunächst ohne Erfolg. Beim Aufstehen sagte sie noch einmal: „Herr Bräuninger! Ma schlägt net mit zwei Ruate!" Dies half. August blieb jedoch zeitlebens einäugig.

Als Gutspächter besaß Bräuninger auch das Jagdrecht in den umgebenden Wäldern. Seine Söhne halfen ihm gerne, die Felder vor Wildschäden zu schützen. Sohn Gottlob erlegte einmal nahe der Grenze zum königlichen Jagdrevier einen Hasen, der es jedoch noch über die Grenze schaffte. Gegen das Jagdrecht holte Gottlob den Hasen zurück. Unglücklicherweise wurde er dabei vom königlichen Förster beobachtet. Tags darauf kam König Wilhelm selbst mit seinem Forstwart zum Verhör vorgefahren. Alle Bräuningersöhne beteuerten ihre Unschuld. Der Vater verteidigte seine Söhne mit den Worten: „Meine Söhne lügen nicht". Der König glaubte jedoch eher seinem Förster. Als sie gerade zur Rückfahrt einsteigen wollten, kam Sohn Gottlob aus der Scheune gerannt und schleuderte den toten Hasen in die königliche Kutsche, mit den Worten: „Do hent ihr euren Sauhaas." König Wilhelm überließ die Strafe dem Vater. Bräuninger fuhr daraufhin wortlos mit der Kutsche weg. Am Abend brachte er Überfahrtpapiere für seinen Sohn, erst 21 jährig, nach Amerika mit. Er wollte Gottlob nie mehr wie-

dersehen. Auch hier half kein tränenreiches Bitten. Immerhin gab Vater Geld für einen Neuanfang mit. Später erfuhr man durch die Kinderfrau, Gottlob wäre Farmer geworden, hätte eine Familie gegründet und sei Pate bei dem Kind einer Schwester geworden.

Durch Fleiß und Umsicht herrschte nicht nur äußere Ordnung sondern mit der Zeit ein förmlicher Geldsegen. Für eine gute Erziehung und guten Unterricht stellte Vater Bräuninger schon in Sindlingen einen Privatlehrer ein, der auch mit nach Einsiedel zog. Die Älteren absolvierten in Stuttgart ein Gymnasium mit privater Unterkunft.

Jedes der Kinder erhielt ein Stück Land, das es selber bearbeiten und über dessen Ertrag frei verfügen durfte. Emilie war überglücklich, als sie sich mit dem Erlös von selbst verkauftem Obst und Gemüse eine Uhr kaufen konnte.

Foto der Familie Bräuninger. Emilie ist die erste von rechts.

Seine erwachsenen Söhne schickte der umsichtige Vater mit Lämmern nach Paris auf den Markt, da zu der Zeit Lammkotletten dort sehr begehrt waren, und mit feinster Schurwolle nach Amerika, von wo die jungen Männer mit gefüllten Geldsäcklein nach Hause zurückkehrten. Diese Geschäfte ermöglichten dem in seinem Umfeld geschätzten Gutspächter, nicht nur seinen Tagelöhnern sondern auch Armen und Kranken in der Umgebung zu helfen.

Das Familienleben wurde von Bräuningers Schwiegervater sehr geschätzt: Dieser schenkte seiner Tochter in jedes Wochenbett den für damalige Verhältnisse großzügigen Betrag von 1000 Gulden. Noch Jahrzehnte später mussten sich Heiratswillige der Umgebung als geflügeltes Wort anhören: „Du wirst aber keine 1000 Gulden bekommen wie die Gutsbesitzerin" (Zusammenfassung[1]).

Die älteren Söhne halfen alle zunächst im Gutsbetrieb mit. Einige studierten in Hohenheim Ökonomie, wo sie den Pfarrersohn Nathanael Blumhardt aus Bad Boll kennen lernten. Dieser absolvierte später auf dem Hofgut Einsiedel sein Praktikum. So entstanden erste Kontakte zwischen den Familien Bräuninger und Blumhardt.

1867/68

Emilie Bräuninger kam über diese Kontakte als Haustochter nach Bad Boll. Sie sollte dort ihre Fähigkeiten in Hauswirtschaft verbessern.

1870

Sich der fleißigen Haustochter Emilie erinnernd zog der Vikar Christoph Friedrich Blumhardt zwei Jahre später zur Brautwerbung nach Einsiedel aus.

Es folgen Brautbriefe aus jener Zeit.

14. Januar 1870

Johann Christoph Blumhardt, der Vater aus Bad Boll an Gottlob Bräuninger nach Einsiedel:

„Lieber Herr Bräuninger!

---

[1] Zusammengefasst nach Erinnerungen von Wilhelm Breuninger, Emilies Bruder, für die Nachkommen. Heute in Privatbesitz der Familie Eberhard Lempp (gest.) / Ehefrau Hede Lempp, Neuffen.

Eine wichtige Sache ist`s, die mein Sohn und mit ihm wir Eltern Ihnen vorlegen. Wir haben`s vor dem Herrn überlegt und tun nicht ohne Aufblick zu ihm diesen ersten Schritt. Von meinem Sohn kann ich Ihnen sagen, dass er ein lauteres, kindlich, den Heiland liebendes Gemüt hat, auch Seelen zum Heiland hin zu weisen weiß, wie er auf mehreren Vikarstellen bewiesen. Dabei ist er ganz unsres Sinnes und voll Eifer, das Werk des Herrn, wie wirs hier haben, mit befördern zu helfen. Deswegen haben wir ihn zu uns genommen, da wir einer Hilfe bedürfen und die Behörden haben ihn gerne mit Rücksicht auf unser Haus uns überlassen. Er soll hier eine Art Inspektorstelle versehen und mit mir die geistlichen und leiblichen Angelegenheiten auf dem Herzen tragen. Einer Frau gleichen Sinnes bedürfte er und in Ihrer lieben Emilie glauben wir, sie gefunden zu haben. Ihr äußeres Auskommen ist jedenfalls hier gesichert und für die Zukunft stünde ihm jedenfalls der Rücktritt ins geistliche Amt im Vaterlande offen … Der Herr aber möge es nun machen nach seinem Wohlgefallen. Anderes, als Er will, wollen wir nicht und werden auch Sie und wird ebenso ihre liebe Emilie nicht wollen.

Auf`s Herzlichste Sie Beide, die lieben Eltern und die liebe Emilie grüßend mit beständigem Bitten vor dem Herrn mit meiner Frau, Ihr liebender Freund und Bruder

Johann Christoph Blumhardt"[2]

25. Januar 1870

Christoph Friedrich Blumhardt aus Einsiedel an seinen väterlichen Freund Baron von Göler:

„Lieber Herr Baron! Mit unnennbarer Freude ergreife ich diesmal die Feder, um Ihnen einige Zeilen zuzuschicken, die Ihnen mein Glück bei Zeiten zutragen sollen, ehe andere durch Karten dasselbe erfahren. Nun denn, ich bin glücklicher Bräutigam seit gestern, da Papa und Mama hier waren, um meine Verlobung mit Emilie Bräuninger, der Tochter des Inspektors und Pächters von Einsiedel zu feiern. Sie erinnern sich, dass Nathanael hier Praktikant war; die liebe Emilie war vor zwei Jahren bei uns um sich im Kochen vollends auszubilden und meine liebe Mama hat sie seit dem nicht vergessen, denn sie war eine liebe Tochter. Ich freilich, darüber be-

[2] 14.01.1870 Abschrift in Privatbesitz von Familie Elisabeth Schönhuth.

klagte sie sich jetzt mit Recht, habe damals kein Wort von Bedeutung mit ihr gesprochen, dachte ich doch auch damals nicht an`s Heiraten. Nun aber, da es doch an der Zeit ist, wurde ich aufmerksam und befreundete mich bald mit dem Gedanken einen Versuch zu machen, wusste ich doch, wie lieb die Emilie meiner Mama und Frau Brodersen (Gottliebin) war. Über Hohenheim kam ich mit Nathanael, heut vor vierzehn Tagen hierher auf Besuch. Die Eltern waren verreist und meine jetzige liebe Braut empfing und bewirtete uns auf's Freundlichste, freilich nicht ahnend, dass Räuber eingebrochen waren. Abends erst kamen die Eltern, das gab uns Veranlassung über Nacht zu bleiben und erst den andern Tag wieder abzureisen. Zuhause erzählte ich und schrieb den andern Tag einen gewichtigen Brief nach Einsiedel. Acht Tage darauf reiste mein Schwiegervater Boll zu, unterwegs trifft er zu seiner freudigen Überraschung den lieben Papa auf der Eisenbahn und in Göppingen mich, den Harrenden und Seufzenden, es möchte doch bald werden. Letzteres geschah am Freitag. Samstags kehrte mein lieber Schwiegervater zurück und ich mit. Eine Stunde nach meiner Ankunft waren wir Brautleute. Doch erst gestern fand die feierliche Verlobung statt, im Beisein meiner Eltern und Nathanaels. So ist denn große Freude eingekehrt. Diesen Morgen saßen wir gemütlich beisammen in der zahlreichen Familie. Nun danken sie mit uns Gott der`s so freundlich und hoffnungsvoll gestaltet hat und lassen Sie sich herzlich begrüßen, auch von meiner lieben Braut, die sie gewiss lieb haben werden jetzt schon.

Wir unterzeichnen beide in inniger Liebe für Sie und unter herzlichen Grüßen,

Christoph Blumhardt, Emilie Bräuninger"[3]

16. Februar 1870

Vikar Christoph Blumhardt bittet um Heiratserlaubnis beim Königlichen Konsistorium:

„(...) erlaubt sich der Unterzeichnete zu bitten, ihm die Ermächtigung zu seiner Verheiratung zu geben. Der volle Name des Unterzeichneten ist Christoph Friedrich Blumhardt, Sohn des Pfarrers Johann Christoph

[3] 25.01.1870 Abschrift in Privatbesitz von Familie Elisabeth Schönhuth.

Blumhardt in Bad Boll. Er ist geboren in Möttlingen den 1.Juni 1842 und steht mithin im 28sten Jahre und besitzt das Bürgerrecht Stuttgarts. Die Möglichkeit, sich zu verheiraten, gibt ihm die Anstellung bei seinem Vater in Bad Boll, wo er nicht nur als Pfarrgehilfe mit hoher Genehmigung des königl. Konsistoriums seit 1869 weilt, sondern auch als Inspektor des Hauses bleiben wird.

Seine Braut ist Emilie Pauline Bräuninger, Tochter des Gottlob Ludwig Bräuninger, derzeit Pächter der Hofdomäne Einsiedel bei Tübingen. Dieselbe ist geboren den 7.Dezember 1849 und steht somit im 21sten Lebensjahr.

Verehrungsvoll

Christoph Blumhardt"[4]

Christoph Friedrich Blumhardt beim Tee mit seiner Mutter Doris (links) und der von seinem Vater geheilten Gottliebin Dittus, 1870

27. März 1870

Christoph Blumhardt an seine Braut Emilie:

---

[4] 16.02.1870 Abschrift in Privatbesitz von Familie Elisabeth Schönhuth. Zuvor veröffentlicht in Harder Bd. 1, S. 30

„Ich weiß, wie viel du um meinetwillen hingibst. Du gibst her, was du bei mir nicht findest, nämlich einen geschlossenen Familienkreis. Danach wirst du am Ende Heimweh bekomme. Ich habe auch eine Zeit gehabt, namentlich in meinen Schuljahren, da bin ich oft sehr traurig gewesen, weil ich fast meinte, ich hätte keine Eltern mehr. Da fiel mir die goldene Zeit der Kinderjahre in Möttlingen ein, da wir so traulich bei den Eltern waren und sie sich viel mit uns abgeben konnten. Aber schon dort hörte es bald auf. Es kamen so viele fremde Kinder, die sich zu unseren Eltern drängten, dass wir weichen mussten, und entsagen lernen und uns begnügen mit dem Gedanken, wie lieb sie uns haben und wie sie doch für uns sorgen unter allem Gedränge. Lange habe ich gebraucht, bis ich einsehen lernte, wie wir eigentlichen Kinder zurückzustehen hätten gegenüber den um so viel bedürftigeren geistlichen Kindern, die in den Familienkreis eintraten. Wir mussten uns einen höheren Begriff von Familie aneignen und gefallen lassen. Dir wird`s auch so gehen, dass Du Dich oft wundern wirst, wie Eigene oft zurückstehen müssen gegenüber Fremden. Aber du wirst schneller verstehen als ich und glücklich werden in dem Gedanken, wie schön es doch ist, mit so Vielen in Berührung zu kommen, so Vielen im Herzen eine Stätte offen zu lassen neben den liebsten irdischen Verwandten. Zudem ist auch die schwerste Zeit vorüber, die Zeit, in der ich oft tagelang zubrachte, an denen ich die Meinen kaum flüchtig begrüßen konnte, freilich auch deswegen, weil ich noch nicht in dem selben Geist stand wie sie und daher untauglich war, in alles durch sie eingeweiht zu werden."[5]

Die Hochzeit von Emilie und Christoph fand im großen Kreise in Bad Boll statt.

Der Ökonom Nathanael leitete den landwirtschaftlichen Betrieb des Kurbads. Er heiratete später Emilies jüngere Schwester Christiane. So entstand eine doppelte Verbindung zwischen den Familien Bräuninger und Blumhardt.

---

[5] 27.03.1870 Harder Bd. 1, S. 30/31

Emilies Leben als Pfarrfrau, Hausverwalterin und Mutter in Bad Boll

1870 bis 1907

Emilie stammte zwar aus einer Großfamilie und von einem Gutshof mit vielen Angestellten, Praktikanten und Tagelöhnern. Aber dieser Familienbetrieb ließ sich nicht mit der großen Lebensgemeinschaft in Bad Boll vergleichen. Eine lang erkämpfte, erlittene und im Glauben erprobte Schar stand vor ihr: Schwiegermutter Doris, die vom Schwiegervater Johann Christoph geheilte Gottliebin Dittus, deren Geschwister Hansjörg und Katharina und zunächst zwei Familien Brodersen. Heinrich Theodor Brodersen (1829-1912) war ein von seinem Hüftleiden geheilter Gast aus Schleswig Holstein. Er heiratete Gottliebin Dittus, die von Johann Christoph Blumhardt in Möttlingen geheilt worden war. Zur Brautvorstellung im hohen Norden bei der Großgrundbesitzerfamilie wollte Christoph Blumhardts Schwester Maria unbedingt in den hohen Norden mitreisen. Ihr Vater hatte noch scherzend gewarnt: „Pass auf, dass kein Fisch anbeißt." Doch genau das geschah: Emil Brodersen (1836-1895), der Bruder von Heinrich Theodor, verliebte sich spontan in Maria und heiratete sie. Seit 1868 führten sie die Gastwirtschaft in Bad Boll. So kam es, dass auch zwei Familien Brodersen im Bad lebten.[6]

Bei der Schuldenlast der Blumhardts und bei weiteren Bauten im Bad konnte Heinrich Theodor mit seinem Erbe helfen. Nach und nach erhielt er fast alle Investitionen wieder zurück und baute ganz in der Nähe das *Haus Brodersen* als Ruhesitz.

1872 bis 1892

Ein „eigenes" Familienleben hatten sie indes nicht. Der Brautbrief bewahrheitete sich bitter.

---

[6] 1858 Mündlich überliefert, mitgeteilt von Gertrud Brodersen und anderen Mitgliedern der Familie Brodersen an die Verfasserin Elisabeth Schönhuth

Haus Brodersen

Emilie schenkte im Laufe der Jahre elf Kindern das Leben.

Christoph und Emilie Blumhardt mit sieben ihrer elf Kinder, um 1888

Zu all den vielen körperlich, seelisch und geistig Kranken und hilfesuchenden Menschen gesellten sich Kurgäste aus aller Welt. Mit Hilfe vermögenderer Gäste konnten auch Bedürftige bis zu mehreren Monaten kostenlos aufgenommen werden.

Theophil und Christoph Blumhardt mit Heinrich Theodor Brodersen beim Billardspiel

Für die geistig und seelisch Erkrankten, für die der Badbetrieb zuviel Unruhe brachte, baute Christoph Blumhardt 1887/1888 im nahe gelegenen Eckwälden ein mehrstöckiges Haus, das spätere Töchterinstitut. Gelegentlich zog er sich dorthin auch selber zurück.

Die „Muße" durfte im Bad nicht fehlen: Es wurde zum Beispiel viel gesungen, musiziert, Billard und Tennis gespielt. Zum Wohle der Gesundheit wurde nicht nur im Schwefelbad gebadet, sondern auch viel in der landschaftlich reizvollen Gegend gewandert.

Welche für die seelische und geistige Gesundheit wichtige Rolle solchen Mußezeiten aus Christoph Friedrichs Sicht zukam, geht auch aus einem späteren Brief an seine Tochter Salome in China hervor:

„Wenn ihr eine Mädchenschule beginnt, so wünsche ich Gelingen. In den Frauen muss ja etwas geschehen, weil sie vielfach den tieferen Einfluss haben. Aber überladet euch nicht! Denn bei aller Arbeit muss man auch

für Mußestunden sorgen, damit nicht aller Geist in Geschäftigkeit sich verzehrt"[7]

Mußestunde der Frauen Emilie Blumhardt und ihrer Tochter Dorothea (von links nach rechts hinten) mit zwei Töchtern

Durch die Vermählungen der Kinder wuchs der Familienbetrieb stetig. Zeitweise lebten fünf Familien Blumhardt und drei Familien Brodersen im Bad. So heiratete Emilies älteste Tochter Dorothea den verwitweten, tauben Theophil Brodersen, Sohn von Gottliebin, der vier Kinder mit in die Ehe brachte und Blumhardts Sekretär war. Als Dreijähriger hatte Theophil einen Sturz erlitten, durch den er im Laufe der Jahre sein Gehör völlig verloren hatte. Jedoch hatte er wunderbar gelernt, von den Lippen abzulesen, wie ich es als Kind in den Ferien selber erlebte.

Emilie und Christoph sorgten sich um ihre Tochter, die bei ihrer Verlobung erst 19 Jahre alt war, und baten sie deshalb, nach der Hochzeit noch mindestens zwei Jahre mit eigenen Kindern zu warten.

[7] 22.02.1905 Abschrift in Privatbesitz von Familie Elisabeth Schönhuth.

Die Kinder von Christoph und Emilie Blumhardt

Alle elf Kinder von Christoph und Emilie Blumhardt, 1894

1. Dorothea: geb. 1872 in Bad Boll (Großmutter von Elisabeth Schönhuth), ∞ Theophil Brodersen, Sekretär bei Blumhardt und später Bienenzüchter in Bad Boll.

2. Herrmann: geb. 1873 in Bad Boll, er studierte Medizin, war Arzt in Stetten in der damaligen epileptischen Anstalt, wo er mit vegetarischer Kost bei den Kranken gute Erfolge erzielte. Später war er in Wasseralfingen, wo er bei der Explosion einer Petroleumlampe um`s Leben kam.

3. Clara: geb. 1874 in Bad Boll, ∞ Johannes Weber, Verwalter in Bad Boll und in der Gärtnerei.

4. Katharina: geb. 1875 in Bad Boll, Oberhebamme Univ. Marburg und Greifswald

5. Elisabeth: geb. 1877 in Bad Boll, ∞ Dr. agr. Eduard Vopelius, Gutsinspektor in Bad Boll und Gutsbesitzer am Tegernsee, im Alter lebten sie im Haus Brodersen, Bad Boll.

6. Salome: geb. 1879 in Bad Boll, ∞ Prof. Richard Wilhelm, Pfarrer, Missionar, Sinologe, in China.

7. Friedrich: geb. 1881 in Bad Boll, ∞ Martha Honeck, Farmer in Neuseeland

8. Hanna: geb. 1883 in Bad Boll, ∞ Prof. Hermann Bohner, Missionar und Prof. an einer internationalen Sprachschule in Japan.

9. Georg: geb. 1885, Dipl.-Ing., gest. 1918 im Lazarett in Stuttgart an Typhus

10. Gottliebin: geb. 1889 in Bad Boll, Handelslehrerin, vorübergehend in China bei Wilhelms, kehrt zurück 1914 als der 1. Weltkrieg ausbricht, tätig als Handelsschullehrein in Stuttgart, sie schrieb mit Prof. Harder das dreibändige Blumhardtwerk, gest. 1976 in Stuttgart.

11. Immanuel: geb. 1892 in Bad Boll, gest. 1916 in Neuseeland (an Gehirnschwund).

Das vielgestaltige Leben in Bad Boll verlief nicht ohne Anfechtungen und Prüfungen. So schrieb Christoph Blumhardt:

„Es heißt, wo der Herr einen Tempel baut, baut der Teufel eine Kapelle daneben- nein! nicht daneben, das wäre nicht gefährlich, mitten hinein in den Tempel und am liebsten zieht er den Talar an und hockt auf den Altar hinauf.“ [8]

Blumhardt, der so vielseitig gefragte Mann, fühlte sich den Anforderungen oft nicht gewachsen. Er begann den Tag in Gebetsgemeinschaft mit Vetter Jörg, Gottliebins Bruder, und auch im Laufe des Tages besprach er sich mehrmals mit diesem einfachen Glaubensmenschen und fühlte sich sehr verlassen als dieser starb.

Eine weitere hoch geistige Verbindung pflegte Christoph Blumhardt mit Pfarrer Friedrich Zündel aus Winterthur, (Schweiz). Zündel kam öfters nach Bad Boll und Blumhardt besuchte Zündel verschiedentlich in Winterthur bei welchen Gelegenheiten er auch mehrmals predigte. Zündel war der einzige Mensch mit dem Chri-

---

[8] Aus Erinnerungen von Pfarrer Weissinger/Weilheim, aus Harder Bd. 1, S. 202

stoph Blumhardt in solch enger geistiger Gemeinschaft gestanden hat. Der am 9.Juni 1891 erfolgte Tod Zündels berührte Blumhardt überaus schmerzlich. Die Morgenandacht vom 11.Juni begann er mit den Worten: „Heute sollte ich eigentlich heulen, weil man meinen Freund Zündel begräbt", hielt sich dann aber sofort an die Losung des Tages: „Ich will singen von der Gnade des Herrn ewiglich und seine Wahrheit verkündigen für und für". (Psalm 89,2) und fuhr weiter: „Ich heule aber nicht, ich will Singen! Das haben wir bis jetzt zu zweit getan und jetzt muss ich es einzeln tun".

Wie sehr Blumhardt auf den geistigen Austausch mit engen Gefährten angewiesen war, zeigt auch die darauf folgende Einschätzung:

„Erst einige Jahre später wurde ihm in Schwester Anna von Sprewitz wieder ein Mensch zugeführt, der ihm bis zu seinem Tode in geistiger Ebenbürtigkeit zur Seite stand und der das Werk in Bad Boll mit ihm trug und betreute."[9]

Während ihr Mann um seinen Glauben und um Standhaftigkeit angesichts von Schicksalsschlägen rang, litt Emilie unter zwischenmenschlichem Unvermögen im Bad und unter der Erwartungshaltung der Gäste. Als Verwalterin des Hauses war sie zum Beispiel für die Sitzordnung der Gäste verantwortlich. Dabei war es schwer, es allen recht zu machen.

Ida Müller, ehemalige Patientin, schrieb in ihren Erinnerungen, für Emilies Kinder:

„Herr-Pfarrer-Sonntag:

Bei meinem Aufenthalt in Bad Boll 1920 bat mich Frau Pfarrer Blumhardt, die seit 1919 Witwe war, sie recht oft zu besuchen, denn ihr war nichts lieber, als von früheren Jahren zu reden. Da bekamen ihre schönen Augen einen besonderen Glanz und sie erzählte ohne Unterbrechung in lebhafter Freude. So einmal Folgendes:

Zwei Jahre lang hatte Herr Pfarrer neben seiner Hausgemeinde das Dorf Zell zu bedienen. „Du weißt ja" sagte Frau Pfarrer, „wie ich meinen

---

[9] Zitat aus dem Nachwort von Robert Lejeune über Christoph Friedrich Blumhardt, aus: „Christoph Blumhardt und Friedrich Zündel über Johann Christoph Blumhardt", hrsg. Von Robert Lejeune, S. 204/205

Mann den ganzen Tag Anderen lassen musste, da freute ich mich inniglich, jeden Sonntag morgen ihn per Chaise (Kutsche) nach Zell begleiten zu dürfen und ihn so eine halbe Stunde Fahrt ganz allein für mich zu haben. Schon während des Morgenkaffees trafen vom Land besetzte Wagen ein mit Kirchgängern, und viele waren dabei, die Herrn Pfarrer mit ihren Anliegen in Anspruch nahmen. Unterdessen harrte ich in der Chaise seines Kommens und sah mit Herzklopfen den Zeiger der Uhr vorrücken. Oft war es allerhöchste Zeit, und dann stieg er ein und war mein. Oft musste er sich von allem Gehörten erst lösen, und wenn ich dachte: Jetzt, jetzt – dann kam heraus „was für a Lied soll i` au singa lassa?", dann vergingen wieder köstliche Minuten aber er war doch bei mir, und gehörte mir bis der Kirchturm winkte und die Glocken zum Gottesdienst riefen – nachher wieder dieselbe Not, der Zudrang Hilfesuchender, bis mein Mann abbrechen musste, um nicht zu spät zu kommen, denn um halb zehn Uhr musste er daheim auf der Kanzel stehen. Da musste ich still sein, ganz still –

Nach der Predigt wieder der Korridor voll Leute, immer ein Schärlein zugleich im Sprechzimmer. Nach dem Mittagessen die Kinderlehre, die so frisch war, dass sie viele Gäste anzog und nun denkst du, kommt das Ausruhen, der Feierabend im Park mit den eigenen Kindern? – Da steht aber wieder die Chaise bereit, denn der liebe Mann muss in's Dörflein Aichelberg, wo sich in einer Stube Alte und Gebrechliche versammelt haben, und solche, die weit entfernt von der Kirche wohnen, die alle sehnsüchtig auf sein Kommen warteten. Daheim zum Nachtessen oft hohe Gäste, welche tiefe Fragen stellten, schon während der Mahlzeit, und nachher meinen Mann bei wichtigen Gesprächen festhalten, bis zehn Uhr, weil sie so viel vorzubringen haben. Das war meines lieben Mannes Sonntag, das ganze Jahr und das Tagwerk der Woche dauerte stets bis nachts zwölf, oft bis ein Uhr – Wenn ich morgens um acht zum Kindersegen ging, kam Herr Pfarrer schon von Hansjörg und Base Katharina, den Geschwistern der seligen Gottliebin mit denen er zu beten pflegte – davon weiß ich Heiliges – (...)"[10]

Wie sich Christoph Blumhardt das Zusammenleben in der Ehe vorstellte, geht aus seinen Tischgesprächen hervor:

---

[10] Erinnerungen von Ida Müller, Abschrift in Privatbesitz von Familie Elisabeth Schönhuth.

„Paulus sagt, das Weib solle dem Manne untertan sein. Nein! Der Mann soll ihr Schutz sein. Das genügt in manchen Dingen; in anderen Dingen ist aber die Frau der wichtigere Teil. Goethe spricht einmal so schön darüber; ich weiß nicht genau wo, ich glaube, in „Willhelm Meister" zweiter Teil: Der Mann hat den Verstand, die Frau das fühlende Ahnen, den Instinkt für`s Wahre; Sie hat mehr Göttliches, Sinnendes in sich. Der Mann sollte viel mehr auf das, was sie fühlt und denkt, hören; das würde viel Unglück in den Familien ersparen. Ein Mann sollte auch eine Frau ohne ihren Willen nie leiblich oder geistig berühren. Aber die Männer verstehen noch nicht, was ihnen die Frau sein soll. Es rumort jetzt auch in der Ehe. Und wem dafür ein Verständnis aufgeht, wie es sein könnte und sein müsste, der kann in der Ehe glücklich sein. Er muss sich nur sagen, dass nicht möglich ist – wie es so viele meinen – ein Aufgehen ineinander oder ein Sich-Verstehen in allen Fragen."[11]

1889

Nach der Geburt ihres zehnten Kindes (Gottliebin), erkrankte Emilie schwer. Sie musste wegen eines Kropfs im Bad notoperiert werden – vier Ärzte bemühten sich um sie. Während zweier dramatischer Stunden, bei denen sich die Kanüle als zu kurz erwies und ein Instrument abbrach und stecken blieb, verharrte Christoph zurückgezogen in tiefer Fürbitte.[12]

Seine Sorge um Emilie, aber auch die Erkenntnis, was sie ihm und allen im Haus bedeutete, äußerten sich in einer Predigt.

10. Januar 1889, Predigt zu Thess. 5,5 bis 10:

„Ihr seit allesamt Kinder des Lichts. Wie ein Dieb in der Nacht kommt das Licht des Herrn, und das Gericht ergreift uns, und die Schulden werden aufgedeckt. So ist es uns in diesen Tagen ergangen, denn das Arge, was an unserer lieben Hausmutter geschehen ist, sollte uns allen ein Tag der Erkenntnis unserer Schuld werden, und wir mussten es geschehen lassen, dass die Finsternis uns ergreift. Denn unmittelbar von Gott ist dieses

---

[11] Blumhard in Tischgesprächen, Oktober 1904, zit. nach Harder 1978, Bd. 2, Seite 315

[12] Aus Erinnerungen von Johannes Weber, (verheiratet mit Emilies Tochter Clara); Abschrift in Privatbesitz von Familie Elisabeth Schönhuth.

schauerliche Todeswehe gerade auf das Glied unserer Familie gekommen, welches im Verborgenen der Träger einer Regierung des Heilandes unter uns war."[13]

Nach einigen kritischen Tagen würgte Emilie das steckengebliebene Instrument unter größter Atemnot mit viel geronnenem Blut heraus. Gesundheitlich blieb sie danach zeitlebens angeschlagen.

1892 konnte sie dennoch ihrem elften Kind Immanuel das Leben schenken. Auch ein Erholungsurlaub mit Christoph in Italien brachte leider nicht die erhoffte Genesung.

10. Mai 1889

Brief aus Italien von Christoph Blumhardt an Theophil Brodersen (Ausschnitt):

„Was wahr ist soll gelebt werden. Lieber mit der Wahrheit dem ganzen Haus einen Stoß versetzen als im ganzen Haus gelobt werden wegen Stille und Rücksichtnahme auf Menschen und Fehler der Menschen. Auch soll man nicht fragen, was ich oder Mama zu einer Sache denken werden: ‚Was ist wahr und recht?' Und ihr dürft gewiss sein, dass wir nur Freude daran haben, was Gott dient. Alles andere ist Nebensache."[14]

Folgende Briefe schrieb Christoph an Emilie während ihrer zweiten Erholungszeit bei Freiburg im Schwarzwald:

25. Juni 1894

„Musst froh deine Naturwege gehen, dich kräftig ausdehnen in der Liebe Gottes, die dir entgegen atmet in Wald und Feld, von Oben und von Unten, in Vögeln und in Vierfüßlern.

Heute Abend machte ich noch mit unseren drei Kleinsten einen lustigen Spaziergang zur Immenau, wo die Träublein und die Himbeeren dem Mannerle (Immanuel, 2 jährig) Mund und Augen wässrig machten und

[13] Aus der Predigt von Christoph Friedrich Blumhard, zit. nach Harder1, Seite 186
[14] Christoph Friedrich Blumhardt, 10.05.1889, zit. nach Harder 1, Seite 193

wo es herrlich war in die Heuhaufen hineinzuschlupfen, ohne dass ein Weh Weh erfolgte....Ich denke mir dich, dort herumwandeln als eine Spenderin von Gottes Gedanken für die dortigen Gräslein und Schnecklein und Mücklein. Und wenn auch nur ein einziges kleines Wesen mit dir Gemeinschaft fühlt in der ewigen Liebe, der wir alle uns opfern wollen, so ist es ja schon eine Gemeinschaft mit Heiligem, das auch Dich und jeden Halm heiligt."[15]

Die beiden jüngsten Kinder Immanuel und Gottliebin, genannt„Mannerle" und „Bibsle"

27. Juni 1894

„Meine Liebste! Mit jedem Atemzug gedenke ich Deiner, und da bist du ganz allein schuld; denn du bist mir so unentbehrlich geworden aber nicht bloß mir, auch der Sache und wir vermissen dich sehr. Dennoch will ich schweigen, weil ich den Eindruck habe, dass du jetzt der Wahrheit mehr dienst, wenn du eine Zeit lang in der Stille den Odem Gottes einsaugst, wie der auch von der Schöpfung her dich anweht."[16]

---

[15] 25.06.1894, Christoph Friedrich Blumhard an seine Frau Emilie, zit. nach Harder Bd. 2, S. 38

[16] 27.06.1894, Christoph Friedrich Blumhard an seine Frau Emilie, zit. nach Harder Bd. 2, S. 38/39

1894

Während Emilie sich zur Erholung zurückziehen musste, kündigte sich zu Hause bereits ein Bruch in der Hausgemeinschaft an.

Was Emilie und ihr Mann trotz vielem Bitten und vieler Gebete allein schon wegen der Trunksucht von Christophs Bruder Nathanael erlitten, lässt sich höchsten erahnen oder aus Briefen entnehmen:

24. Dezember 1894

Aus einem Brief von Christoph an seine Tochter Clara:

„Oft ist mein Herz aufgewühlt wie ein sturmbewegtes und gepeitschtes Meer; denn ich hätte nicht gedacht, dass in unserem eigenen Kreise so viel Unbeweglichkeit wäre wie es jetzt am Tage ist. Leider habe ich nur zu langsam den Gedanken an eine Trennung von Onkel Nathanael gedacht und habe damit den Heiland betrübt; denn er hat gesagt: „Ärgert dich deine rechte Hand, so hau sie ab", das soll nun geschehen und wir wollen nicht mitleidig zurücksehen sonst werden wir zur Salzsäule wie Loths Weib. Möchte Nathanael die rechte Buße finden, nachdem er sich hat bereit finden lassen aus dem Wege zu gehen, wo er doch nicht recht mitlaufen kann. Er wird, wie ich hoffe, bis zum Frühjahr mit einigen seiner Söhne bereit sein, nach Neuseeland zu reisen, wohin dann später seine Familie nachkommen soll."[17]

21. Februar 1895, Aus einer Morgenandacht:

„(...) Es muss ein scharfer Wind wehen, wenn wir sollen aus unseren Eigenheiten und Eigentümlichkeiten herauskommen. Unter diesem scharfen Wind steht Bad Boll gegenwärtig, darum scheiden wir und gehen auseinander. Wir haben erkannt, dass das bisherige Zusammengehen von Familien nicht das richtige ist; es muss auf einem anderen Boden aufwachsen, was göttlich ist. Wir haben uns vor Jahren vorgestellt man könne es so machen; aber es geht nicht. Es war bis jetzt ein Versuch, und der ist vergraten (missglückt). Jetzt macht man es anders. Ich will es wenigstens

[17] 24.12.1894, Harder Bd. 2, S. 46

nicht machen wie andere Leute; die merken, es läuft nimmer recht, dann machen sie eineweg (trotzdem) fort, bis sie in ihren Gedanken versteinert.... Wir lösen uns auf und hoffen, dass wir da und dort als selbständig Lebende eine Gemeinschaft finden, die noch bessere Früchte bringt. Ob es in Neuseeland ist oder im Schwabenland, das ist uns Blumhardtkindern furchtbar einerlei. Die Sache hört auf; Eine vierzigjährige Geschichte hört auf und wird gerichtet."[18]

Auch sonstige Querelen veranlassten Christoph, den Familienbetrieb zu lockern. Wer wollte und konnte, durfte gehen - nach dem Motto: „Den Geist von Bad Boll mitnehmen, dann ist er immer daheim."

von l. nach r.: Christoph, Theophil und Nathanael Blumhardt, 1895

1895

Nathanael wanderte als erster nach Neuseeland aus und gründete eine Farm.

1896

1896 folgte Emilies Sohn Friedrich zunächst als Helfer für Nathanael nach Neuseeland.

[18] 27.09.1915, Abschrift in Privatbesitz von Familie Elisabeth Schönhuth.

Villa von Eleonore Vopelius

27. September 1897:

Vor der Ausreise Christianes mit den jüngeren Kindern fand ein Abschied bei Tante „Lor", Eleonore Vopelius, Schwiegermutter von Emilies Tochter Elisabeth, in ihrer Villa – der späteren Evangelischen Akademie, statt.

Christoph Blumhardt gab drei Regeln mit auf den Weg:

„1.) Morgen ist auch ein Tag: Sich nicht gegenseitig ärgern, wenn nicht gleich alles fix von statten geht. Es ist nicht der Mühe wert, sich wegen äußerer Sachen das Herz schwer zu machen.

2.) Es geht vorbei: Auch das Schwerste geht vorbei; nur fest bleiben. Dann kommt, wenn wir Schweres tragen, auch für Gott und für uns etwas dabei heraus.

3.) Nicht immer glückselig sein wollen: Aber die Seligkeiten, die der liebe Gott auf unserem Lebensweg uns darbietet, die zu ergreifen sollen wir lernen. Wie viel Seliges ist oft in einem Leben, oder könnte da sein, wenn es nur ergriffen würde. Aber das wird gar nicht geseh'n."[19]

Nach mündlicher Überlieferung hatten sie ein glückliches Familienleben. Später folgte auch noch Emilies Sohn Immanuel, (ihr elftes Kind), nach.

Bad und Postkutsche

[19] Abschrift in Privatbesitz von Familie Elisabeth Schönhuth.

Gesellschaftskutsche. Abfahrt der nordischen Verwandten nach der Hochzeit von Theophil und Dorothea, geb. Blumhardt, März 1892

Im Laufe der Jahre litt Emilie zusehends unter Erschöpfung. Deshalb bat Christoph die Diakonisse Anna von Sprewitz, die selbst während mehrerer Aufenthalte in Bad Boll von einer schweren Krankheit genesen war, doch ganz bei ihnen in Bad Boll zu bleiben. Zunächst war sie zur Betreuung von Nervenkranken eingesetzt worden, nun wurde sie Emilie zur Entlastung an die Seite gestellt. Nach der Ausreise Nathanaels übernahm sie auch noch die Leitung des landwirtschaftlichen Betriebs.

Als ausgebildete Krankenschwester in Bad Boll nur „Schwester Anna" genannt, konnte von Sprewitz aber auch Blumhardt selbst medizinisch betreuen. Sie begleitete den schon lange an Diabetes und Gicht erkrankten Pfarrer auf vielen Reisen. Als er bei einer Palästinareise dort an Malaria erkrankte, pflegte sie ihn fürsorglich.

Die Vertretung durch Schwester Anna ermöglichte Emilie einen mehrjährigen Aufenthalt bei ihren Kindern in Neuseeland und China.

Emilies Jahre in Übersee und ihre Heimkehr nach Bad Boll 1907 bis 1929

1907 bis 1912

Überlieferten Briefen zufolge genoss Emilie einen knapp dreijährigen Aufenthalt bei ihrem noch ledigen Sohn Friedrich in Neuseeland. Der Einladung ihrer Kinder folgend, verbrachte sie noch weitere zweieinhalb Jahre in China. Dort half sie besonders ihrer Tochter Salome Wilhelm nach der Geburt ihres Enkels Walt.

Es folgen Briefe von Christoph an Emilie während ihrer Zeit in Übersee. Briefe, die sie selbst ihm oder anderen schrieb, wurden offenbar nicht aufbewahrt, so dass nur indirekte Schlüsse auf ihr Erleben möglich sind.

3. September 1907

Aus dem Haus Wieseneck in Jebenhausen nahe Bad Boll schrieb Blumhardt an seine Frau nach Neuseeland:

„Ich bin nicht bloß noch längerer Schonung bedürftig, da meine Spannkraft bald nachlässt, bei irgendwelcher Tätigkeit, sondern ich bin auch genötigt, meinem ganzen Leben ein neues Gepräge zu geben, so dass ich nicht mehr in die Gefahr komme, mich nur um Menschen zu drehen und meine Arbeit vor Gott nur so nebenher mir zu erzwingen. So ist mir denn wie eine höhere Eingebung – in der Angst vor der Überlastung in Bad Boll – Wieseneck ins Herz gefallen. Und so schwer auch der Gedanke im ersten Augenblick für unsere liebe Schwester Anna war, eine Haushaltung einzurichten, so war es doch auch ihr schnell klar, dass das der rechte Ausweg sei.

Mir tut die Stille und die Zurückgezogenheit mit der mir noch notwendigen Pflege sehr gut. In Bad Boll aber muss es nun der Geist Gottes tun und das Leben ohne mein beständiges Dasein muss sich erst recht erhöhen. Viele bezeugen es jetzt, wie merkwürdig hoch und lieblich das Wesen der Gäste sich gestaltet, auch derer, die mich gar nicht gesehen haben.

Das ist eine neue Predigt für uns alle, die wir durch Verleugnung mehr schaffen, als durch geehrtes Wirken. Auch dir wird`s ein neues Licht geben *über die Führung, die dich in die Ferne gelenkt hat. Wir sehen, wie bei solchem ‚aus dem Wege gehen', der Geist Gottes nur mehr gewinnt, wenn wir nur immer fröhlich diesen hohen Dienst verrichten. – So sitze ich jetzt hier mit dem Gefühl großer göttlicher Willenskraft und warte, wie es weitergeht."*[20]

4. April 1908

Aus Wieseneck an seine Frau nach Neuseeland:

„Liebe Emilie!

Nun haben wir gestern deinen lieben Brief erhalten, der uns herzerquicklich gewesen ist. Wir gehen ja viel mit Dir um, und du stehst im Mittelpunkt unseres Denkens und Betens bezüglich des weiteren Fortgangs unserer Aufgaben für das Reich Gottes. An diesen Aufgaben nimmst Du teil mit Deinem Leben, das du ganz in die Hand Gottes gestellt hast.

Dass du in stiller Einsamkeit an deinen Kindertraum erinnert wurdest, ist mir für Dich ein lieber Gedanke. Du hast ein merkwürdig anderes Leben bekommen; aber nichts kann das verwischen, was du als Kind warst und bist. Das Leben bringt oft einen Überzug daher; aber den schafft Gottes Seife wieder weg und wäscht seine Kinder rein und dann ist alles Weh vergessen.

Wir denken manchmal an deine Heimkehr, wollen aber nichts machen, es muss auch in dir alles göttlich reif werden.....Übermorgen gehen Willhelms wieder fort (nach China). Sie hoffen sehr, dass du sie einmal besuchst; und wir meinen, das sei natürlich; denn du bist nun einmal auch Mutter in Asien wie in Neuseeland und in Europa."[21]

2. März 1909

Aus Jebenhausen an seinen Bruder Theophil

„(...) Von den Auswärtigen haben wir gute Nachricht. Meine Frau schreibt (aus Neuseeland) sehr vergnügt und fröhlich. Die kleine Haushal-

---

[20] 03.09.1907, Harder Bd. 3, S. 4/5
[21] 04.04.1908, Harder Bd. 3, S.10

tung, die sie bei Friedrich besorgt, ist ihre ganze Freude. So etwas hat sie von jeher gesucht."[22]

16. Februar 1910

An seine Frau nach Neuseeland

„Ich kann nichts dagegen einwenden, wenn in dir die Flügel wachsen und Du Neuseeland zu verlassen dich anschickst. Wir haben das sofort gefühlt, als die Verlobung (von Friedrich) eingeleitet wurde und es wollte uns manches schwer werden, weil du damit doch den stillen und ruhigen Aufenthalt bei Friedrich verlierst. Und so angenehm es auch für Nathanaels gewesen wäre, wenn du dort noch eine Zeit lang hättest bleiben können, so wäre es doch nicht für die Länge gegangen; So bist Du also ganz frei von uns aus wie es für Dich und nach Deinem Herzen schickt. Da die Braut im April zu Reisen gedenkt, so ist nicht mehr viel Zeit, wenn Du Dich entschließest, nach China zu reisen.

Dieser Entschluss kommt meinen Wünschen entgegen; denn es ist mir recht, wenn du dort auch heimisch wirst und in alles einen Einblick bekommst, namentlich in das äußere Leben unserer Kinder dort. Ich hoffe, dass du dort auch etwas hinbringen darfst und wir durch Dich klar sehen können. Manchmal will es uns schon scheinen, als ob die gesellschaftlichen Beziehungen unserer Kinder zu viel werden könnten und dem Geist der Arbeit gefährlich werden könnten. Du wirst es ja sehen und wie ich hoffe, auch sonst einen Segen bringen in aller Einfalt, bloß durch dein Dortsein.

Den Kindern wird`s ja eine große Freude sein. Du bist auch dort uns um drei Wochen näher, da die Briefe über Sibirien schnell gehen[23].

22. Februar 1910

An seine Frau nach Neuseeland.

„Ich denke, Du wirst Dich in China nicht zu kurz aufhalten, daß Du einen ganzen Eindruck bekommst. - Ich sende Dich, es soll ein göttlicher Beruf

---

[22] 02.031909, Harder Bd. 3, S. 40

[23] Blumhardt in einem Brief an seine Frau nach Neuseeland am 16.2.2010, zit. nach Harder Bd. 3, S. 62/63

mit dir gehen, der wirken wird, wo es nötig ist. Handle nun ganz so, wie es Dir in deinem Herzen gegeben werden soll (...) Grüße alle Dortigen um und um, und Gottes Geist sei mit allen!"[24]

1912 bis 1929

Nach ihrer Rückkehr 1912 wohnte Emilie zunächst im Bad. Als Heinrich Theodor Brodersen 1913 verstarb, konnte sie dessen Wohnung im ersten Stock des Hauses Brodersen beziehen und wurde liebevoll von ihrer Tochter Dorothea und deren Familie versorgt. Ihre Enkelin Gertrud erzählte: „Wenn Großmutter Emilie morgens auf ihrem Klavier einen Choral spielte, war es Zeit, ihr auf einem Tablett das Frühstück zu bringen."[25]

1917 ereilte Christoph Blumhardt in Wieseneck ein erster Schlaganfall, der ihn halbseitig lähmte. Er ließ sich jedoch weiterhin mit der Kutsche zu den Andachten nach Bad Boll fahren. Die kirchlichen Amtstätigkeiten hatte er schon zuvor seinem Bruder Theophil, Pfarrer im Dorf Boll, übergeben. Nach seinem zweiten Schlaganfall ein Jahr später, wurde Blumhardt voll pflegebedürftig. Seine Enkelin Hilde Brodersen schreibt in ihren Erinnerungen:

„(...) Und nun noch zu unserem letzten Besuch bei Großvater Christoph in Jebenhausen im Jahr 1919, als er schon ganz bettlägerig war. Nachdem wir uns damals schon von ihm verabschiedet hatten, winkte er uns noch einmal zu mit den Worten: ‚Seid gesegnet'. Dieser letzte Gruß begleitete uns durch's weitere Leben. Nach dem Tod von Großvater lebten wir noch zehn weitere Jahre mit Großmutter zusammen bis zu ihrem Lebensende 1929."[26]

Emilies Lebensabend war gewürzt durch viele Besuche ihrer Kinder und Enkel. So besuchte die Enkelin Gertrud mit ihren drei Kindern ihre Eltern und ihre Großmutter Emilie.

---

[24] 22.02 1910, Harder Bd. 3, S. 64

[25] Mündlich überliefert von Emilies Enkelin Gertrud, geborene Brodersen, an ihre Tochter Elisabeth Schönhuth (Verfasserin)

[26] Abschrift in Privatbesitz von Familie Elisabeth Schönhuth.

Vier Generationen: Mitte: Urgroßmutter Emilie, rechts: Großmutter Dorothea, links: Mutter Gertrud und drei ihrer Kinder: Elisabeth, die Verfasserin, auf dem Schoß ihrer Mutter, 1929

„Der letzte Besuch ihrer Tochter Hanna Bohner aus Japan mit ihrem Mann war eine besondere Freude für sie (Emilie;Anm.). Vier Wochen später musste sie wegen Darmverschluss ins Krankenhaus von Göppingen gebracht werden, wo sie nach vier Tagen in die geistige Heimat gehen durfte. Wir waren voll Dank gegen Gott, dass unserer Mutter trotz dieser schweren Krankheit eine lange Leidenszeit erspart blieb", schrieb Emilies Tochter Dorothea in ihrem Lebensabriss.[27]

[27] Aus den Lebenserinnerungen von Emilies Tochter Dorothea. Abschrift in Privatbesitz von Familie Elisabeth Schönhuth.

Emilie in ihrem letzten Lebensjahr im Haus Brodersen, 1929

Christoph zwei Jahre vor seinem Tod im Haus Wieseneck, 1917

Nachgespräch

F: Dieses Frauenschicksal hat mich sehr bewegt und beeindruckt. Darf ich noch ein paar Fragen stellen?

E: Gerne.

F: Wieso gibt es in Jebenhausen eine Von-Sprewitz-Straße*?*

E: Nach Blumhardts Tod gab es kein Testament. Schwester Anna hat das ganze Anwesen, das sie längst erworben hatte, samt Kinderheim und Schwesternstation der Gemeinde Jebenhausen vermacht.

F: Und wer war die zitierte Ida Müller? War sie auch eine Patientin?

E: Ja, sie war eine Krankenschwester aus der Schweiz. Sie befreundete sich bald mit der Familie Blumhardt an und fügte sich bei späteren Aufenthalten wie selbstverständlich in den Betrieb des Heilbads ein. Sie besuchte häufig Emilie nach dem Tod ihres Mannes. Die beiden erzählten sich dann gegenseitig Geschichten von früher. Einige bemerkenswerte Geschichten, auch Wundergeschichten, schrieb Ida Müller später für ihre Nachkommen auf. „Herr-Pfarrer-Sonntag" ist zum Beispiel eine davon.

F: Kannst du nicht noch eine ihrer Geschichten erzählen?

E: Aber gerne:

Ida begleitete Herrn Pfarrer auf dem Weg zur Buchhandlung. Sie kamen im Hausgang an einem Mädchen vorbei, das kniend putzte und jämmerlich weinte. Blumhardt fragte: „Warum heulst du denn so?" Das Mädchen antwortete: „Ich hab' fürchterlich Zahnweh!" Daraufhin legte Blumhardt seine Hand auf ihren Kopf und betete. Beim Rückweg strahlte das Mädchen und rief schon von Weitem: „Es tut gar nicht mehr weh!"[28]

F: Du hast die meisten Zitate aus dem Buch von Harder. Wer ist das?

---

[28] Abschrift in Privatbesitz von Familie Elisabeth Schönhuth

E: Johannes Harder wurde 1903 in Russland als Sohn einer westpreußischen, mennonitischen Kolonistenfamilie geboren. Er studierte Philosophie, Slawistik und Kulturwissenschaft. Als junger Mann war er aktiv in der sogenannten Jugendbewegung tätig. Später wurde er Professor für Sozialwissenschaften. Mit Hilfe von Christoph Blumhardts Tochter Gottliebin gab er ein dreibändiges Werk über die beiden Blumhardts heraus, das 1978 erschien.

Gottliebin Blumhardt, Tochter Emilies und Christophs, mit Prof. Johannes Harder aus Schlüchtern; Bad Boll-Immenau 1974

F: Dann noch etwas. Wie haben die Blumhardts den Ausbruch des ersten Weltkriegs erlebt und bewertet?

E: Schon im Deutsch-Französischen Krieg 1870/71, in der Zeit, als Emilie heiratete, galt es in der Bevölkerung als Ehre, „für Volk und Vaterland", wie es damals hieß, ins Feld zu ziehen. Auch Christophs Bruder Theophil zog als Feldprediger in den Krieg. Am 26. März 1871 schrieb Blumhardt an seinen Bruder:

„Dass du edle Franzosen triffst, freut mich sehr. Es ist ein Elend, dass man bei uns so raisoniert und damit den borniertesten Nationalhass

pflanzt, den es nur geben kann. Im Herzen hat man die christliche Liebe nicht."[29]

Nach dem Ausbruch des ersten Weltkriegs schrieb er:

„Es ist nicht Gottes sondern Menschen Werk und Unvermögen. Wir haben alle schon lange verschuldet, was jetzt geschieht. Wir sollen deshalb nicht vorwurfsvoll fragen: Wie kann Gott so etwas tun."

Bei einem Gebet bat er um „Vergebung für unser Volk, wie für unsere Feinde" und schloss mit: „Herr, dein Wille geschehe!"[30]

Emilie hat in diesem Krieg ihren Sohn Georg verloren und zwei Enkel aus der Familie Brodersen, (die Brüder meiner Mutter, Viktor und Ernst). Meine Mutter erzählte, sie hätten für die Entlassung von Onkel Georg schon Girlanden um die Haustür angebracht. Am Entlassungstag sei er jedoch im Lazarett in Stuttgart an Typhus gestorben. -

Du bist plötzlich so nachdenklich und still geworden.

F: Ja, zu vieles bewegt mich jetzt an diesem vergangenen Frauenschicksal. Stand Emilie letztendlich leidend oder doch auch heldenhaft im Schatten ihres Mannes und Schwester Annas?

E: Das ist eine durchaus nachdenkenswerte Frage. Sie könnte zu einem Gespräch über ähnliche Situationen von heute anregen. Als für die Zeit typisch empfinde ich Emilies Schicksal jedenfalls nicht. Auch heute stehen viele Menschen im Schatten anderer. Wenn jedoch im Leben einer bewusst zurückzusteht, damit der andere mit seinen Gaben und Aufgaben etwas sehr Wertvolles, Zukünftiges bewirken kann, hat es großen Wert.

F: Ernährt sich nicht jeder Mensch auch von der Dankbarkeit, Liebe und Anerkennung anderer Menschen?

E: Meiner Meinung nach hat Emilie in aller Bescheidenheit ihre Aufgaben in Familie und Umfeld großartig erfüllt und gemeistert. Ein Teil von ihr litt bestimmt unter manchem Unvermögen. Wie aus den Briefen ihres Mannes hervorgeht, war ihm dies bewusst und er verstand es, sie vor allem in der Zeit ihrer Erschöpfungsphase aufzurichten – so weit

---

[29] 26.03.1871, Harder Bd. 1, S. 32

[30] Zitat zum 2. Weltkrieg aus Eugen Jäck: Blumhardt Vater und Sohn, S. 163-165

dies sein Beruf und seine Berufung eben zuließen. Man könnte sagen, Emilie durfte auf ihre Weise an seiner Seite mitwirken. Später unternahm sie die weite Reise und lebte jahrelang bei ihren Kindern in Neuseeland und China. Im Alter war sie in Bad Boll von Freunden und Verwandten umgeben.

In einem Brief schrieb Emilie später an eine Freundin:

„Ich fühlte mich niemals von meinem Mann getrennt, auch nicht, als Länder und Meere zwischen uns lagen".[31]

Daraus spricht doch ein tiefes Gefühl der Verbundenheit.

„Emilie spürte, dass sie im Innersten des Berufes ihres Mannes ihm keine Gehilfin sein konnte", schrieb Eugen Jäckh: Anna Von Sprewitz sei dagegen Christoph Blumhardts Leben und Wirken völlig verbunden gewesen und habe an der Herausgabe einiger seiner Werke mitgewirkt.[32]

F: Meinst Du, dass Emilie nicht doch manchmal unter diesen Umständen gelitten hat?

E: Wie gesagt, ein Teil in ihr hat ganz bestimmt gelitten. Das geht ja auch aus der Erzählung von Ida Müller über „Herr-Pfarrer-Sonntag" hervor. Jeder kann sich dazu seine eigenen Gedanken machen. Es steht uns nicht zu, ein Urteil über jemanden oder etwas zu fällen. Emilie hat auf ihre Weise das Werk des Hoffungs- und Erwartungsträgers Blumhardt unterstützt.

F: Sprichst du jetzt die sogenannte „Erwartungs- und Hoffnungstheologie" der Blumhardts an? Wie siehst du ihre Wirkung bis heute?

E: In der Theologie bin ich nicht so bewandert, aber ich sehe die Zeichen der Zeit in meiner Umgebung. Zum Beispiel erlebe ich seit Jahrzehnten den Zustrom der Menschen zu den Tagungen in der Akademie bis hin zum Literatursalon, und ich beobachte die beliebten Führungen auf dem alten Friedhof, wo Blumhardts Botschaft: „Jesus ist Sieger" verlautet, oder zum Beispiel die neuen Angebote in der Rehaklinik und das neugestaltete Blumhardtzimmer (das einstige Studier- und Empfangszimmer der Blumhardts). Dann denke ich an das heutige „Heilpädago-

[31] Rebellen eigener Art von Walter Nigg, S. 99
[32] Blumhardt Vater und Sohn von Eugen Jäckh, S. 153

gische Institut" in Eckwälden, das Christoph Blumhardt für die Nervenkranken baute, das spätere Töchterinstitut, in dem verschiedentlich fünf Enkelinnen von Emilie weilten, darunter meine Mutter Gertrud.

Das Töchterinstitut (Internatsschule für höhere Töchter)

Emilies Enkelinnen litten genauso unter gelegentlichem Heimweh wie die andern, vor allem die jüngsten, erst 12jährigen. Es bestand nach draußen nur Briefkontakt und in den Ferien Heimaturlaub. Selbst die Frischwäsche beim wöchentlichen Reinigungsbad erhielten sie vom Bademeister ausgehändigt, ohne einen der Angehörigen zu sehen. – Im Übrigen genossen sie nebst schulischen Fächern gerne die Fremdsprachen wie Englisch und Französisch, aber auch Kunst, Gesang, Instrumentalunterricht und vor allem Tanzen, wie meine Mutter erzählte.

Auch entstanden unter den Mädchen zum Teil lebenslange Freundschaften. Ich durfte nach dem Krieg die Schweizer Freundin meiner Mutter in Lausanne besuchen. Sie bezahlte mir die sonst nicht möglich gewesene Lehrerausbildung und wurde später Patin bei unserem Sohn Ottmar.

Margrit, geb. Weber erzählte: „Samstags kam Pfarrer Blumhardt in Begleitung von Schwester Anna zur Bibelstunde. Anschließend gab es Kakao und Brezeln. Nie durfte sie neben Großpapa sitzen, das war den Töchtern seiner Freunde vorbehalten, um sich nach deren Ergehen zu erkundigen.

Durch die Verbindung von Richard und Salome Wilhelm kamen sogar drei junge Chinesinnen nach Eckwälden, die sie bei einem Heimaturlaub mitbrachten.

Als der erste Weltkrieg ausbrach, war kein Briefkontakt nach dort mehr möglich. Bitteres Heimweh und die Ungewissheit, ob und wann sie zurückkehren können, ließ die Mädchen verzweifeln. Alle drei sind vor Kummer gestorben. Der Grabstein von Ding Tschun-Hiang ist noch auf dem alten Friedhof ganz hinten zu erkennen. Zwei der Chinesinnen sind auf dem Foto vom Familienausflug zu sehen. Ich vermute, sie hatten in den Ferien bei den Blumhardtfamilien Anschluss.

Das Institut in Eckwälden im Jahr 1910

Erinnerungen an Eckwälden von Margrit Hönig, geb. Weber

Das Grundstück, fast 4.000 qm groß, konnte einen verzaubern, schreibt Margrit Hönig in ihren „Erinnerungen an Eckwälden"[33]. Voller Schönheit bot der Garten außergewöhnliche Attraktionen: die „Buchslaube", den „Geißhirtlesbaum" und das „Wäldle". Die Buchslaube „war eine botanische Seltenheit ersten Ranges: Eine Laube, groß wie eine Stube, mit zwei Eingängen; drinnen war Platz für Tisch und Stühle. Nie werde ich den herben Buchsbaum-Geruch vergessen.Wichtig war uns, daß man hineinklettern und sich im Geäst ein Plätzchen einrichten konnte zum Lesen (Ivenhoe von Walter Scott), auch mal wenn's nötig war, ein bißchen zum Heulen! Und wie brauste es von Bienen in der Blütezeit. Was mag aus dir geworden sein, liebe, uralte Buchslaube?" Nicht nur die Pensionärinnen würden voller Trauer sein, wenn sie hörten, dass ihr heiß geliebter Buchsbaum in den 1960er –Jahren krankheitsbedingt gefällt werden musste.

[33] „Der Unterricht war gut, tauglich für's ganze Leben" von Claudia Liebenau-Meyer, S.47

Pensionärinnen des Härlin'schen Instituts im Sommer 1909 in Eckwälden. Margrit Weber, verheiratete Hönig (1. Reihe, 3. v. links), dahinter meine Mutter Gertrud Brodersen, rechts neben ihr Freundin Maru Bodmer aus Zürich ca. 1909

E: Bemerkenswert zu den Heilfolgen der Blumhardts sind weitere Einrichtungen wie die „Wala", eine bekannte Heilmittel- und Kosmetikfirma, die Schule für „Künstlerische Therapie und Massage", das „Rudolf-Steiner- Seminar" für die Ausbildung von Heilpädagogen und der zur Wala gehörende Demeterhof „Sonnenhof".

Der durch das Dritte Reich schwer geprüfte Heilpädagoge Ernst Lehrs, der in Eckwälden nach dem Krieg tätig war, schreibt in seinen Erinnerungen von einer ***„durch die beiden geistigen Lichtträger geweihten Gegend"****.*[34]

Auch ich fühle mich wohl in der lieblichen Gegend, wo Schwefel- und Mineralquellen sprudeln, mit dem Blick auf die drei Kaiserberge, und vor allem freue ich mich jedes Mal in Boll auf gute Gespräche und zwi-

[34] Gelebte Erwartung von Ernst Lehrs, S. 112

schenmenschliche Begegnungen, und eingestreute Mußestunden. Das tut gut zwischen unseren manchmal dicht gedrängten Zeiteinheiten im Alltag. Ich denke, wir stehen erneut in einer Umbruchzeit, wo es für jeden Einzelnen gilt, Neues zu entdecken, zu entwickeln und zu gebären – nicht im Mit- oder Nachlaufen, sondern in eigener Verantwortung vor Gott und der Schöpfung.

F: *So ist dein Buch schlussendlich auch eine Geschichte für unsere Zeit geworden?*

E: *Wenn du es so sehen kannst, ja!*

Wundergeschichten

Eine merkwürdige Geschichte, die zeigt, was man in der Umgebung von Bad Boll über Blumhardt und Schwester Anna von Sprewitz gemunkelt hat, erzählte mir Prälat i.R. Paul Dietrich im August 2010: „Es muss etwa vor dreißig Jahren gewesen sein. Ich geriet bei einem Besuch im Kirchheimer Krankenhaus zufällig an das Bett eines alten Mannes aus Zell unter Aicherlberg, das neben Bad Boll liegt. Als der Kranke merkte, dass ich Pfarrer bin, brachte er das Gespräch auf Christoph Blumhardt, den er als kleiner Junge noch gekannt hatte. Er sagte, er müsse unbedingt noch was loswerden, das ihn jetzt beschäftige. Als Buben hätten sie im Ort dies und jenes über Pfarrer Blumhardt und seine „Freundin", Schwester Anna, munkeln gehört. Das hätte ihn und ein paar Kameraden, neugierige Buben, auf die Idee gebracht, ihn, Blumhardt, zu belauern. Sie wollten unbedingt heruaskriegen, „was da los sei".

Eines Tages, als Pfarrer Blumhardt mit Schwester Anna ausritt – auch sie, die Adelige, konnte offenbar reiten -, seien sie den beiden in den Wald hinterher geschlichen. Bei der Kreuzeiche hätten die beiden ihre Pferde zum Stehen gebracht, seien abgestiegen. Ihnen, den spionierenden Buben, hätte in Erwartung des nun Folgenden das Herz bis zum Halz geschlagen. Und was haben sie gesehen? Beide, Blumhardt und Schwester Anna, knieten nieder und beteten laut. Er wisse nicht mehr, was die beiden gebetet hatten. Aber so etwas hatten sie vorher noch nie erlebt. Es sei ihnen unheimlich zu Mute geworden, sie hätten sich weggeschlichen und seien dann durch den Wald und nach Hause gerannt, als sei einer hinter ihnen her.

Ich kann nicht genau sagen, warum der alte Mann mir das noch unbedingt „beichten" musste. Offensichtlich kam es ihm wie eine Schuld vor, dass er mit den Spießgesellen zusammen Blumhardt bespitzelt habe. Er sei jedenfalls als Bub nach diesem Abenteuer beschämt und verwirrt gewesen und er schäme sich noch immer. Ein paar Wochen nach dieser „Beichte" las ich im Teckboten in der Todesanzeige den Namen dieses alten Mannes."

* * *

Eines Tages (1899) bat mich meine Mutter dringend, nicht mehr nach Bad Boll zu gehen; denn über all bekomme sie von den „Brüdern“ (der Michael-Hahn'schen Gemeinschaft) zu hören, es sei doch ein Unding, daß ich, der ich selbst Pfarrer werden wolle, zu dem Antichristen Blumhardt laufe. Als ich ihr erklärte, ich werde mich dadurch nicht abhalten lassen, weinte sie. Da sagte ich: „Mutter, willst du wirklich von mir verlangen, daß ich um des unverantwortlichen, verleumderischen Geschwätzes deiner Brüder willen den Mann verleugne, durch den ich mich so reich von Gott her gesegnet weiß!“ Daraufhin schwieg sie. Einige Wochen später ging meine Mutter an einem Sonntag heimlich nach Boll und hörte eine Predigt von Blumhardt. Nachmittags ging sie in die „Stunde“. Als da wieder über Blumhardt hergezogen wurde, rief sie: „Brüder, laßt ihr den Blumhardt in Ruhe! Ich habe heute eine Predigt von Blumhardt gehört und kann nur sagen: so groß wie Blumhardt hat mir noch kein Bruder den Heiland gemacht.“ Wenig später ging auch der Stundenleiter ebenso heimlich nach Boll und hörte eine Predigt von Blumhardt mit der Wirkung, daß er nachmittags in der „Stunde“ sagte: „Brüder, der Blumhardt ist wieder ein ganz anderer geworden. Ich habe heute eine Predigt von ihm gehört und habe kein Wörtlein umstoßen können.“ Meine Mutter fuhr fort: „Nein, Blumhardt ist kein anderer geworden. Mein Sohn hat mir viele Andachten und Predigten von ihm, die er mitgeschrieben hat, vorgelesen. Blumhardt hat immer das gleiche Evangelium verkündet. Aber ihr habt ihn ja nicht hören wollen und habt lieber den Lästerern geglaubt.“[35]

* * *

In Nabern war eine schlimme Kinderseuche. Es war wie beim Kindermord in Bethlehem, von dem geschrieben steht, daß alle Kinder unter zwei Jahren umgekommen sind. Da ist auch mein Kind krank geworden, und wir haben den Doktor geholt. Als er mein Kind un-

---

[35] Erinnerungen von Pfarrer Johannes Weissinger aus Weilheim, Harder Bd. 3, S. 210

tersucht hatte, fragte ich ihn: „Was meinen Sie? Kommt's durch?" Er sagte: „Das weiß ich nicht, aber ein sehr ernster Fall ist es." Spät am Abend - wir hatten schon lange die Lampe angezündet - kam noch meine Nachbarin zu uns und sagte: „Du Margret, bei uns hat der Doktor gesagt, dein Kind tue ihm besonders leid, das sei so ein gar netten und liebes Kind, aber sterben müsse es eben auch." Als das mein Mann hörte, schrie er laut auf, ging in die Kammer hinein, schloß sich ein und hörte nicht auf zu heulen. Wie er endlich still wurde, be kam ich erst recht Angst; ich fürchtete, er könnte sich ein Leid antun. Ich bat ihn aufzumachen, aber er tat's nicht. Endlich - ich hatte zuletzt solche Angst um meinen Mann, daß ich fast mein krankes Kind über ihn vergaß, klopfte ich wieder an die Kammertür und rief: „Mach auf! Ich weiß noch etwas, was unserem Kind helfen könnte!" Darauf öffnete er, und ich sagte ihm: „Jetzt gehst du nach Bad Boll zum Blumhardt und sagst ihm, wie es um unser Kind steht, und bittest ihn, er möchte doch für unser Kind beten." Da machte sich mein Mann auf den Weg - es muß nach Mitternacht gewesen sein -, und es ist mir heute noch ein Wunder, wie er hingefunden hat, denn er war noch nie in Bad Boll gewesen; ihn müssen die Engel Gottes geleitet haben. Er wartete dort, bis das erste Licht im Keller angezündet wurde - wahrscheinlich war die Küche dort - und klopfte ans Fenster. Ein junges Mädchen öffnete und fragte, was er wolle. Mein Mann sagte, er wolle zum Pfarrer. Das Mädchen sagte: „Der Herr schläft noch; er kommt oft erst um Mitternacht ins Bett und braucht auch seine Nachtruhe. Kommen Sie gegen 8.00 h wieder." Wie aber man Mann sagte, er habe eine ganz dringende Sache, da weckte das Mädchen die Frau Pfarrer. Mein Mann erzählte ihr unseren Jammer. Darauf rief sie: „Gehen Sie ruhig wieder heim; ich werde es meinem Mann sagen, sobald er aufwacht." Mein Mann ließ aber nicht locker und sagte: „Ich möchte mit dem Herrn Pfarrer selber sprechen." Darauf wurde er ins Sprechzimmer geführt. Mein Mann dachte: Der wird dich bös anranzen, daß du ihn so früh aus dem Bett holst. Wie aber Blumhardt kam, war er so lieb und freundlich, und das tat meinem Mann auch so wohl, daß er ihn mit Du anredete, so daß es ihm ganz warm ums Herz wurde. Als ihm aber mein Mann unsere Not berichtet hatte, erklärte Blumhardt: „Lieber Mann, fasse dich, dein Kind ist schon dem Tod über-

geben.“ Da hat mein Mann fürchterlich geheult, darauf fragte ihn Blumhardt: „Ja, lieber Mann, ist dir das so arg?“, und mein Mann sagte: „Ja, Herr Pfarrer, so arg, daß ich nicht weiß, wie ich ohne das Kind weiterleben kann!“ Da sagte Blumhardt: „Dann muß ich noch einmal für dein Kind eintreten.“ Drauf sei er ein Weilchen still gewesen, dann habe er gesagt: „So, jetzt gehst du heim. Deinem Kind ist geholfen, glaub's und halt's fest.“
Um die gleiche Zeit, wie das in Boll geschah, hat mein Kind auf einmal ruhiger geschnauft und ist so friedlich dagelegen, daß ich meine Mutter rief und sagte: „Guck dir unser Kind an! Mit unserem Kind ist eine große Veränderung geschehen!“ Aber meine Mutter sagte: „Margret, mach dir nichts vor! Das ist nur ein Zeichen, daß es jetzt sterben wird; das kommt oft vor, daß Sterbende vorher noch einmal das Bewußtsein erlangen.“ Aber da lachte mich mein Kind an und sagte: „Mutterle, in dein Bett.“ Ich nahm es zu mir. Da packte es meine Zöpfe und spielte damit. Als ich meine Mutter wieder an sein Bett rief, sagte sie: „Dem Kind fehlt nichts mehr, mit dem ist ein Wunder geschehen.“
Wie nach ein paar Stunden mein Mann kam, streckte ihm unser Kind die Ärmchen entgegen und rief: „Vaterle!“ – Nach ein paar Wochen ging ich nach Boll zum Gottesdienst. Als ich nach der Predigt ins Sprechzimmer ging und Blumhardt mich sah, sagte er: „Margret, du bist noch einmal durchs Loch geschlüpft.“ Dann forderte er mich auf, einer anderen bekümmerten Frau, die auch im Zimmer war, zu erzählen, was ich erlebt habe. Ich sagte: „Was soll ich hier viel erzählen? Sie soll im Evangelium die Geschichte vom königlichen Beamten lesen, dann weiß sie alles.“
Auf meine Frage, ob ihr Kind noch lebe, wurde Margret etwas traurig und sagte: „Nach ein paar Jahren wurde mein Kind wieder schwer krank. Da ging mein Mann wieder zu Blumhardt und flehte ihn an, er solle wieder helfen. Aber da sagte Blumhardt: „Zweimal darf ich das nicht machen. Du hast jetzt dein Kind noch lange behalten dürfen und deine Freude an ihm gehabt. Jetzt mußt du willig sein, es seinem Heiland zurückzugeben.Mein Mann kam gestärkt und gefaßt zurück und hat den Tod unseres Kindes überstanden, wenn es auch arg wehgetan hat.“

Als Margret mit ihrem Bericht zu Ende war, sagte sie verlegen: „Blumhardt hat mir verboten, es anderen zu erzählen. Aber du bist ja ein Freund von Blumhardt, dir darf ich es doch erzählen."[36]

* * *

An den Andachten, die Blumhardt seinen Gästen jeden Morgen nach dem Frühstück im Speisesaal gehalten hat, durften auch Auswärtige teilnehmen.

Einst saß eine Bauersfrau im Saal. Mir fiel auf, daß Blumhardt während der Andacht einigemal zu ihr hinüberschaute. Als die Gäste sich entfernt hatten und die Frau zurückgeblieben war, redete er sie an: „Was hast du denn für einen Jammer!" Die Frau antwortete: Oh, Herr Pfarrer, ich habe die Hölle auf erden!" Er fragte: „Was ist das für eine Hölle?" Sie antwortete: „Oh, mein Mann, mein Mann!" Er: „Was ist denn mit deinem Mann?" Sie: „Oh, Herr Pfarrer, der sauft so. Und wenn er in der Nacht im Rausch heimkommt, dann reißt er mich oft an den Haaren und tritt mich!" Er: „Was machst du dann?" Sie: „Dann gehe ich auf meine Bühne hinauf und falle auf meine Knie und schrei zu meinem Herrgott: Siehst du denn mein Elend nicht? Hilf mir doch! Und da liege ich oft ein paar Stunden auf den Knien."

Blumhardt (sehr streng): „Dies dumme Beten läßt du zuerst bleiben!" Die Frau (sehr erstaunt): „Ja, Herr Pfarrer, nicht einmal beten soll ich? Was bleibt mir dann noch?" Blumhardt (sehr bestimmt): „Also, dies dumme Beten läßt du bleiben! Das ist Nummer eins! Und nun will ich dir sagen, was du tun mußt. Du gehst heim und besorgst deine Kinder und deine Haushaltung und dein Vieh im Stall und deine Äcker und Wiesen und um den Kerl kümmerst du dich nicht!" Die Frau: „Aber Herr Pfarrer, wir sind doch verheiratet!" Blumhardt: „Du bist doch mit keiner Sau verheiratet! Also, so mach's wie ich es dir gesagt habe! Abr noch einmal: Dies dumme Beten läßt du bleiben!"

---

[36] Erinnerungen von Pfarrer Johannes Weissinger aus Weilheim, Harder Bd. 3, S. 202

Als die Frau weggegangen war, fragte ich: „Herr Pfarrer, warum haben Sie der Frau das Beten verboten?" Da schaute er mich sehr erstaunt an, aus seinem Blick las ich die Frage: „Bist du auch noch so dumm?" Dann sagte er: „Ja, liebes Kind, nennst du denn das beten, was das Weib macht? Beten, das heißt doch, seine Not abschütteln und auf Gott warten. Wenn aber dieses Weib stundenlang auf der Bühne auf den Knien liegt, da guckt sie ja nur auf ihr Elend, und je länger sie auf ihr Elend starrt, desto größer wird es. Die Frau kommt je elender von der Bühne herunter, als sie hinaufgegangen ist. Sie muß zuerst lernen, von ihrem Elend wegzugucken."

nach einem oder zwei Jahren kam ich wieder nach Bad Boll. Da fragte ich Blumhardt, was aus jenem Weib geworden sei. Er besann sich eine Weile, dann sagte er: „Das ist schon lange alles wieder gut." Als ich fragte, wie das zugegangen sei, erzählte er: „Ich weiß nicht mehr. Sind's ein paar Wochen oder ein paar Monate gewesen, da saß das Weib wieder in der Andacht. Nach der Andacht fragte ich sie: „Na, Frau, wie geht's?" Sie antwortete: „Oh, Herr Pfarrer, jetzt habe ich den Himmel auf Erden." Als ich sie fragte, wie das gekommen sei, fing sie an, so breit und umständlich zu berichten, daß ich sie bald unterbrach und ihr sagte: „Ich will es dir selber erzählen. Nicht wahr, wie du nichts mehr mit deinem Mann gesprochen hast und er das erstemal wieder mit einem Rausch heimkam, sagte er: „Weib, was ist denn mit dir los? Warum schwätzt denn kein Wörtchen mit mir?" Und als er keine Antwort bekam, legte er sich brummend ins Bett. Als er wieder mit einem Rausch kam, sagte er: „Ja, Weib, bist du denn krank?" Und als er wieder ohne Antwort blieb, legte er sich kopfschüttelnd ins Bett. Beim dritten Mal aber sagte er: „Weib, jetzt sage mir doch endlich, was ist mit dir los? Guck, da ist doch kein Leben mehr, das wir miteinander führen. Wir sind doch verheiratet! Tu mir doch den gefallen und schwätz ein einziges Wort mit mir!" Und wie du ihm das erste Wort wieder gönntest, da war der Mann glückselig und seitdem geht er ordentlich und lieb mit dir um." Darauf rief die Frau verwundert: „Ja, Herr Pfarrer, woher wissen Sie denn alles so genau? Gerade so, wie Sie gesagt haben, ist alles zugegangen." Da sagte ich zu der

Frau: „Ha, das ist gut zu wissen, du hast den Kerl zu arg verwöhnt! So, jetzt geh heim, und jetzt darfst du auch wieder beten!“[37]

* * *

Als Blumhardt gefragt wurde, wer nach seinem Tod Bad Boll weiterführen solle, antwortete er: „Boll ist mit meinem Tod zu Ende, es hat keine Fortsetzung. Dann werdet ihr eben auch so ein christliches Haus, wie es andere gibt. Es ist dann noch immer das Beste.“[38]

* * *

Eine Frau aus Auendorf, Kreis Göppingen, erzählt in Boll 1975 folgendes:
Etwa 1909 hatten wir einen Buben in unserer Familie mit sehr kranken Händen, die von Dr. Brügel in Boll behandelt wurden. Wir mussten deshalb jeden Tag zu Fuß von Auendorf nach Boll gehen. (2 Std.)
Nach langer Behandlung ohne Besserung sagte der Arzt, die Finger müssten abgenommen werden. Daraufhin ging die Mutter mit ihrem Buben zu Blumhardt und klagte ihre Not. Blumhardt sagte zur Mutter: „Hast du deinen Glauben noch?“ – „Ja“, sagte die Mutter, „meinen Glauben habe ich.“ Blumhardt: „Dann geh nur jetzt heim, es wird schon recht werden.“
Andern Tags machte der Arzt in der Sprechstunde verwundert Augen und sagte: „Was ist denn mit den Händen geschehen? Die heilen ja!“[39]

* * *

Wir lassen einen Franzosen erzählen (Katholik), wie er im Postwagen Göppingen - Boll einem deutschen Geistlichen auseinandersetzt, was ihn des Wegs führt.

---

[37] Erinnerungen von Pfarrer Johannes Weissinger aus Weilheim, Harder, Bd. 3, S. 205

[38] Erinnerungen von Pfarrer Johannes Weissinger aus Weilheim, Harder, Bd. 3, S. 211

[39] Abschrift in Privatbesitz von Elisabeth Schönhuth

„Ich war von Jugend auf fallsüchtig und scheute, da mein Vermögen mir dies erlaubte, keine Ausgabe, um bei den besten Ärzten Hilfe zu suchen, aber ohne Erfolg. – Durch Bekannte vernahm ich endlich, dass in Schwaben ein Pfarrer lebe, der durch Gebete Wunder tun könne und viele Kranke schon geheilt habe. Ich schrieb an Blumhardt und erhielt die Antwort, ich solle kommen.

Voll Hoffnung gehe ich hin, fühle mich aber wie mit kaltem Wasser übergossen, als man sich dort um mich eigentlich har nicht kümmerte.

Tagelang hoffe ich vergebens, ein Wunder zu erleben, oder wenigstens von Herrn Pfarrer in einer auf mein Anliegen bezughabenden Weise angeredet zu werden. – Halb unmutig mache ich mich selbst auf den Weg und gehe zu Herrn Pfarrer auf sein Zimmer. Er fragt nach meinem Begehr. „Gesund will ich werden", war meine Antwort, „wie ich Ihnen ja schon geschrieben habe." – „Sie gesund zu machen", erwiderte er, „geht über meine Kraft, aber wir wollen miteinander zu einem gehen, der's kann."

Und ohne alle Umstände klagte er dem Heiland mein Leid mit der Bitte um volle Heilung. Obgleich das Gebet nicht einfacher, ja nicht menschlicher gedacht werden konnte, rieselte mir wie ein Schauer durch alle Glieder, der mich auf die Knie niederwarf vor der Majestät des gegenwärtigen Gottes, den ich zum ersten Mal in meinem Leben als einen persönlich gegenwärtigen Gott erfahren habe. – Gesund stand ich von den Knieen auf und wenn mein Weg mich irgend in die Nähe führt, versäume ich es nie, Bad Boll zu besuchen, wo ich gelernt habe, was beten heißt."

Was Blumhardts kühnes und zuversichtliches Bitten in diesem Fall betrifft, so hatte er wohl, wie es ihm gegeben war, rasch den Eindruck von großer Schlichtheit, Lauterkeit und Kindlichkeit bei diesem Manne. So zuversichtlich war er nicht jedes Mal.[40]

* * *

[40] Abschrift in Privatbesitz von Elisabeth Schönhuth

Bildnachweis

Abb. 1: Hofgut Einsiedel. Heimathaus. Tusche/Aquarell. Farbige Fotokopie. Original bei Familie Lempp, Neuffen.

Abb. 2: Foto der Familie Breuninger. Vergrößerung in Privatbesitz von Elisabeth Schönhuth. Original bei Familie Lempp, Neuffen.

Abb. 3 bis 16: Fotografien in Privatbesitz von Familie Elisabeth Schönhuth, Kirchheim/Teck

Abb. 4: Haus in Eckwälden und Gruppenbild aus „Der Unterricht war gut, tauglich fürs ganze Leben" von Claudia Liebenau-Meyer Göppingen

Danksagung

An die Schreiber der Grußworte:

Dr. Dieter Ising (Landeskirchlicher Archivar Stuttgart)
Bruderhof (Christian communität international)
Frau Pfarrerin Gudrun Bosch (Rehaklinik Bad Boll)

Christine Bald
meine Kinder Ottmar, Angelika, Johannes, Michael, Christiane und meine Enkelin Judith

Herzlichen Dank an Hildegard Beck aus Straßdorf für das Baum-Aquarell auf dem Umschlag und Manuela Kinzel für die Zusammenarbeit.

Manuela Kinzel Verlag
06844 Dessau * 73037 Göppingen
Tel. 07165 / 929 399

info@manuela-kinzel-verlag.de
www.manuela-kinzel-verlag.de

1. Auflage 2010

ISBN 978-3-937367-51-4

Unsere Buchempfehlungen:

„Christoph Friedrich Blumhardt – Reich Gottes in der Welt"
Hrsg: Christian Buchholz

DIN A5 * Hardcover * 52 Seiten * 13 Aquarelle von Hildegard Beck * 11,- € * ISBN 978-3-937367-43-9

Der Grundtenor von Blumhardts Botschaft ist noch heute aktuell und kann für das persönliche Leben wie für die Gestaltung der Zukunft wegweisend sein.
Nicht das gewachsene Dogma, keine politische Ideologie, nicht die gestrenge Theologie seiner Zeit, keine pädagogische Manipulation – sondern die Zuwendung zum Menschen bestimmte Blumhardt in seinen Wegstrecken und Äußerungen: Die Kräfte im Menschen entdecken und Raum schaffen, damit diese sich entfalten können ... Selbstbewußtsein in der rechten Weise ist Gottesbewusstsein.

* * *

„Reich Gottes in Bad Boll"
Religion, Kultur und Politik bei Johann Christoph und Christoph Blumhardt
Albrecht Esche
edition akademie 10
DIN A5 * Softcover * 170 Seiten * 9,90 € * ISBN 978-3-936369-13-7